杭州优秀传统文化丛书编纂委员会

主　编：周江勇
副主编：戚哮虎　许　明　陈国妹
编　委（按姓氏笔画排序）：

　　王　希　王　敏　王利民　王宏伟
　　方　毅　冯　晶　朱建明　朱党其
　　刘　颖　江山舞　许德清　杨国正
　　吴玉凤　应雪林　汪华瑛　沈建平
　　张鸿斌　陆晓亮　陈　波　陈　瑾
　　陈如根　邵根松　范　飞　卓　超
　　周　澍　郎健华　胡征宇　姚　坚
　　翁文杰　高小辉　高国飞　黄昊明
　　黄海峰　龚志南　章登峰　蒋文欢
　　程华民　童伟中　童定干　谢建华
　　楼倻捷

丛书编辑部

郭泰鸿　安蓉泉　尚佐文　姜青青　李方存
艾晓静　陈炯磊　张美虎　周小忠　杨海燕
潘韶京　何晓原　肖华燕　钱登科　吴云倩
杨　流　包可汗

特别鸣谢各位专家从文史知识、政治导向、文艺创作等方面对本书的悉心审读和指导：

顾志兴　杜正贤　楼毅生（系列专家组）
魏皓奔　赵一新　孙玉卿（综合专家组）
夏　烈　李杭春（文艺评论家审读组）

杭州优秀传统文化丛书

周江勇 主编

山高水长 严州府

朱睦卿 —— 著

杭州出版社

图书在版编目（CIP）数据

山高水长严州府 / 朱睦卿著 . -- 杭州：杭州出版社，2020.9
（杭州优秀传统文化丛书 / 周江勇主编）
ISBN 978-7-5565-1343-7

Ⅰ.①山… Ⅱ.①朱… Ⅲ.①古城—地方史—杭州 Ⅳ.① K295.51

中国版本图书馆 CIP 数据核字（2020）第 167265 号

Shangao-shuichang Yanzhou Fu

山高水长严州府

朱睦卿 / 著

责任编辑	夏斯斯
文字编辑	王妍丹
装帧设计	李轶军　祁睿一
美术编辑	祁睿一
责任校对	萧　燕
责任印务	屈　皓
出版发行	杭州出版社（杭州西湖文化广场32号6楼） 电话：0571-87997719　邮编：310014 网址：www.hzcbs.com
排　　版	浙江时代出版服务有限公司
印　　刷	杭州日报报业集团盛元印务有限公司
经　　销	新华书店
开　　本	710 mm×1000 mm　1/16
印　　张	15
字　　数	184千
版印次	2020年9月第1版　2020年9月第1次印刷
书　　号	ISBN 978-7-5565-1343-7
定　　价	45.00元

（版权所有　侵权必究）

寄 语

  中华优秀传统文化是中华民族的精神命脉，是我们在世界文化激荡中站稳脚跟的坚实根基。杭州拥有实证中华五千多年文明史的圣地良渚古城遗址，是首批国家历史文化名城和中国七大古都之一，历史给杭州留下了众多优美的传说、珍贵的古迹和灿烂的诗篇。西湖、大运河、良渚三大世界遗产和灵隐寺、岳庙、六和塔等饱经沧桑的名胜古迹，钱镠、白居易、苏轼、岳飞、于谦等名垂青史的风流人物，西泠篆刻、蚕桑丝织技艺、浙派古琴艺术等代代传承的非物质文化遗产，形成了完整的文化序列、延绵的城市文脉。"杭州优秀传统文化丛书"旨在保护城市文化遗存、弘扬优秀传统文化，包括一部专著和十个系列一百余册书籍，涵盖城史文化、山水文化、名人文化、遗迹文化、艺术文化、思想文化等方方面面，以读者为中心，具有"讲故事、轻阅读、易传播"的特点。希望广大读者能通过这套丛书，走进处处有历史、步步有文化的人间天堂，品读历史与现实交汇的独特韵味，在坚定文化自信中当好中华文明的薪火传人。

周江勇

（周江勇，中共浙江省委常委、杭州市委书记，"杭州优秀传统文化丛书"主编）

序 言

文化是城市最高和最终的价值

我们所居住的城市，不仅是人类文明的成果，也是人们日常生活的家园。各个时期的文化遗产像一部部史书，记录着城市的沧桑岁月。唯有保留下这些具有特殊意义的文化遗产，才能使我们今后的文化创造具有不间断的基础支撑，也才能使我们今天和未来的生活更美好。

对于中华文明的认知，我们还处在一个不断提升认识的过程中。

过去，人们把中华文化理解成"黄河文化""黄土地文化"。随着考古新发现和学界对中华文明起源研究的深入，人们发现，除了黄河文化之外，长江文化也是中华文化的重要源头。杭州是中国七大古都之一，也是七大古都中最南方的历史文化名城。杭州历时四年，出版一套"杭州优秀传统文化丛书"，挖掘和传播位于长江流域、中国最南方的古都文化经典，这是弘扬中华优秀传统文化的善举。通过图书这一载体，人们能够静静地品味古代流传下来的丰富文化，完善自己对山水、遗迹、书画、辞章、工艺、风俗、名人等文化类型的认知。读过相关的书后，再走进博物馆或观赏文化景观，看到的历史遗存，将是另一番面貌。

过去一直有人在质疑，中国有三千年文明，何谈五千年文明史？事实上，我们的考古学家和历史学者一直在努力，不断发掘的有如满天星斗般的考古成果，实证了五千年文明。从东北的辽河流域到黄河、长江流域，特别是杭州良渚古城遗址以4300—5300年的历史，以夯土高台、合围城墙以及规模宏大的水利工程等史前遗迹的发现，系统实证了古国的概念和文明的诞生，使世人确信：这里是古代国家的起源，是重要的文明发祥地。我以前从来不发微博，发的第一篇微博，就是关于良渚古城遗址的内容，喜获很高的关注度。

我一直关注各地对文化遗产的保护情况。第一次去良渚遗址时，当时正在开展考古遗址保护规划的制订，遇到的最大难题是遗址区域内有很多乡镇企业和临时建筑，环境保护问题十分突出。后来再去良渚遗址，让我感到一次次震撼：那些"压"在遗址上面的单位和建筑物相继被迁移和清理，良渚遗址成为一座国家级考古遗址公园，成为让参观者流连忘返的地方，把深埋在地下的考古遗址用生动形象的"语言"展示出来，成为让普通观众能够看懂、让青少年学生也能喜欢上的中华文明圣地。当年杭州提出西湖申报世界文化遗产时，我认为是一项需要付出极大努力才能完成的任务。西湖位于蓬勃发展的大城市核心区域，西湖的特色是"三面云山一面城"，三面云山内不能出现任何侵害西湖文化景观的新建筑，做得到吗？十年申遗路，杭州市付出了极大的努力，今天无论是漫步苏堤、白堤，还是荡舟西湖里，都看不到任何一座不和谐的建筑，杭州做到了，西湖成功了。伴随着西湖申报世界文化遗产，杭州城市发展也坚定不移地从"西湖时代"迈向了"钱塘江时代"，气势磅礴地建起了杭州新城。

从文化景观到历史街区，从文物古迹到地方民居，众多文化遗产都是形成一座城市记忆的历史物证，也是一座城市文化价值的体现。杭州为了把地方传统文化这个大概念，变成一个社会民众易于掌握的清晰认识，将这套丛书概括为城史文化、山水文化、遗迹文化、辞章文化、艺术文化、工艺文化、风俗文化、起居文化、名人文化和思想文化十个系列。尽管这种概括还有可以探讨的地方，但也可以看作是一种务实之举，使市民百姓对地域文化的理解，有一个清晰完整、好读好记的载体。

传统文化和文化传统不是一个概念。传统文化背后蕴含的那些精神价值，才是文化传统。文化传统需要经过学者的研究提炼，将具有传承意义的传统文化提炼成文化传统。杭州在对丛书作者写作作了种种古为今用、古今观照的探讨交流的同时，还专门增加了"思想文化系列"，从杭州古代的商业理念、中医思想、教育观念、科技精神等方面，集中挖掘提炼产生于杭州古城历史中灵魂性的文化精粹。这样的安排，是对传统文化内容把握和传播方式的理性思考。

继承传统文化，有一个继承什么和怎样继承的问题。传统文化是百年乃至千年以前的历史遗存，这些遗存的价值，有的已经被现代社会抛弃，也有的需要在新的历史条件下适当转化，唯有把传统文化中这些永恒的基本价值继承下来，才能构成当代社会的文化基石和精神营养。这套丛书定位在"优秀传统文化"上，显然是注意到了这个问题的重要性。在尊重作者写作风格、梳理和讲好"杭州故事"的同时,通过系列专家组、文艺评论组、综合评审组和编辑部、编委会多层面研读,和作者虚心交流,努力去粗取精,古为今用,这种对文化建设工作的敬畏和温情,值得推崇。

人民群众才是传统文化的真正主人。百年以来,中华传统文化受到过几次大的冲击。弘扬优秀传统文化,需要文化人士投身其中,但唯有让大众乐于接受传统文化,文化人士的所有努力才有最终价值。有人说我爱讲"段子",其实我是在讲故事,希望用生动的语言争取听众。今天我们更重要的使命,是把历史文化前世今生的故事讲给大家听,告诉人们古代文化与现实生活的关系。这套丛书为了达到"轻阅读、易传播"的效果,一改以文史专家为主作为写作团队的习惯做法,邀请省内外作家担任主创团队,组织文史专家、文艺评论家协助把关建言,用历史故事带出传统文化,以细腻的对话和情节蕴含文化传统,辅以音视频等其他传播方式,不失为让传统文化走进千家万户的有益尝试。

中华文化是建立于不同区域文化特质基础之上的。作为中国的文化古都,杭州文化传统中有很多中华文化的典型特征,例如,中国人的自然观主张"天人合一",相信"人与天地万物为一体"。在古代杭州老百姓的认知里,由于生活在自然天成的山水美景中,由于风调雨顺带来了富庶江南,勤于劳作又使杭州人得以"有闲",人们较早对自然生态有了独特的敬畏和珍爱的态度。他们爱惜自然之力,善于农作物轮作,注意让生产资料休养生息;珍惜生态之力,精于探索自然天成的生活方式,在烹饪、茶饮、中医、养生等方面做到了天人相通;怜惜劳作之力，长于边劳动，边休闲娱乐和进行民俗、艺术创作，做到生产和生活的和谐统一。如果说"天人合一"是古代思想家们的哲学信仰，那么"亲近山水，讲求品赏"，应该是古代杭州人的生动实践，并成为影响后世的生活理念。

再如，中华文化的另一个特点是不远征、不排外，这体现了它的包容性。儒学对佛学的包容态度也说明了这一点，对来自远方的思想能够宽容接纳。在我们国家的东西南北甚至是偏远地区，老百姓的好客和包容也司空见惯，对异风异俗有一种欣赏的态度。杭州自古以来气候温润、山水秀美的自然条件，以及交通便利、商贾云集的经济优势，使其成为一个人口流动频繁的城市。历史上经历的"永嘉之乱，衣冠南渡"，"安史之乱，流民南移"，特别是"靖康之变，宋廷南迁"，这三次北方人口大迁移，使杭州人对外来文化的包容度较高。自古以来，吴越文化、南宋文化和北方移民文化的浸润，特别是唐宋以后各地商人、各大商帮在杭州的聚集和活动，给杭州商业文化的发展提供了丰富营养，使杭州人既留恋杭州的好山好水，又能用一种相对超脱的眼光，关注和包容家乡之外的社会万象。这种古都文化，也代表了中华文化的包容性特征。

城市文化保护与城市对外开放并不矛盾，反而相辅相成。古今中外的城市，凡是能够吸引人们关注的，都得益于与其他文化的碰撞和交流。现代城市要在对外交往的发展中，进行长期和持久的文化再造，并在再造中创造新的文化。杭州这套丛书，在尽数杭州各色传统文化经典时，有心安排了"古代杭州与国内城市的交往""古代杭州和国外城市的交往"两个选题,一个自古开放的城市形象,就在其中。

"杭州优秀传统文化丛书"在传统和现代的结合上,想了很多办法,做了很多努力,他们知道传统文化丛书要得到广大读者接受,不是件简单的事。我们已经走在现代化的路上,传统和现代的融合,不容易做好,需要扎扎实实地做,也需要非凡的创造力。因为,文化是城市功能的最高价值,也是城市功能的最终价值。从"功能城市"走向"文化城市",就是这种质的飞跃的核心理念与终极目标。

2020 年 9 月

(单霁翔,中国文物学会会长)

千里江山图（局部）

前 言

严州是浙江省传统的 11 个州府中唯一一个没有保留下来的州府，对于今天的读者来说，严州是一个十分陌生的地方。自从民国元年（1912）取消各地军政分府以后，作为行政区域的名称严州就消失了。

严州位于钱塘江中游，北宋末年以前称睦州。新安江、兰江和富春江流贯全境，府城梅城位于三江汇合之处，是钱塘江中游的水运枢纽，其上游的流域面积达 3 万多平方公里，占钱塘江流域面积的五分之三、浙江省陆域面积的四分之一，在以水运为主要交通手段的时代，严州战略地位之重要可以想见。由于严州的特殊地位，明代建省以来，严州在全省一直排名第二，直到清代后期才有所改变。

严州八山一水一分田，境内多为山地丘陵，盛产竹木柴炭、茶叶生漆，是下游杭嘉湖地区建材、燃料、茶漆等生活用品的重要供应地，在日常生活中有着重要的影响。

唐代以前，严（睦）州僻居江南山区，山高水险，经济不发达，多为贬职官员的流放之地。宋代以后，经济重心南移，钱塘江流域的开发加快，南宋时临安（今杭州）成为首都，严州列入"京畿三辅"，战略地位突显，扼三江（新安江、富春江、兰江），连五州（金、衢、严、徽、杭），通三省（浙、皖、赣）的地理位置，使得严州很快发展起来，成为钱塘江流域的重镇，迎来了她的第一个辉煌时期。

元朝末年，农民起义风起云涌，朱元璋从淮河流域起兵，经皖南进入浙江，以严州为战略据点，派外甥李文忠坐镇，在这里设立浙江行省，任命李文忠为行省左丞，与远在集庆（今江苏南京）的朱元璋大本营互为犄角，为统一全国打下了良好的基础，这也是严州州城能够仿照南北二京的体制建造梅花城的政治依据。明代，严州迎来了她的第二个高峰。

进入近代以来，科学技术的发展十分迅猛，经济全球化加速，沿海地区的优势日益明显，山区严州愈显闭塞，尤其是公路、铁路等现代化交通形式的发展，水运优势不复存在，凭借水运而兴的严州迅速衰落，历史上被视为"孤悬海外"的舟山取代了古老的严州，成为浙江省11个市（地）之一。1959年建德专署撤销，严州的建制彻底消亡。1963年，原严郡六县（即建德、淳安、桐庐、分水、寿昌、遂安六县，它们于1958年合并为建德、淳安、桐庐三县）并入杭州，成为杭州最边远的县份，由于远离杭州市区，这三个县很难有县改区的机会，尤其是府治梅城，降格为一个普通的乡镇，被彻底边缘化。"边缘化"的一个意想不到的后果是有效地"雪藏"和保护了严州的山水资源和人文环境，使得昔日的"放逐之地"变成了今天都市人向往的休闲之地、旅游之乡。

严州是"锦峰绣岭，山水之乡"，早在南北朝时期就已经吸引了许多大诗人到这里游历吟咏，是孕育中国山水诗的摇篮之一。唐代，随着孟浩然、刘长卿、杜牧等著名诗人的到来，形成了一条闪光的钱塘江唐诗之路，孕育产生了一个地方诗歌流派"睦州诗派"。历史名人伍子胥、朱买臣、严子陵、谢灵运、范仲淹、袁枢、陆游在这里留下了他们的足迹，他们的事迹和作品极大地丰富了严州的文化内涵，为严州山水增添了光彩。

严州是南宋善本书的刻印地之一，刻印过《艺文类聚》《通鉴纪事本末》《剑南诗稿》《礼记集说》等卷帙浩繁的文化名著，清代又刊印了《聊斋志异》《唐诗三百首注疏》等典籍，这些严州版的刻本是中国的国宝，珍藏于国家图书馆，成为严州文化的骄傲。

严州是宋元南戏的发祥地之一，元代四大南戏"荆（《荆钗记》）、刘（《刘知远白兔记》）、拜（《拜月亭》）、杀（《杀狗记》）"中《杀狗记》的作者徐畛即为严州淳安人，姓名被列入《录鬼簿》的元代戏曲家周文质是严州建德人。严州为徽班东下的必经之地，是孕育婺剧的重要温床。

严州山水秀美，是画家心目中的朝圣之地，许多画家都在这里留下过精品佳作，元代萨都剌的《严子陵钓台》，明代项圣谟的《严州三江口》，清代渐江的《新安江古貌》，都是传世名作，尤其是元代大画家黄公望描摹富春江山水景色的《富春山居图》，被誉为"画中兰亭"，成为传世绝作。

作为重要的交通枢纽，严州的商贸活动十分繁忙，发生了许多可歌可泣的故事，被写进了《三国演义》《水浒传》《金瓶梅》和《官场现形记》等文学名著中，形成了中国文学史上特有的"严州现象"。

严州"山高水深，人性贞介；俗阜人和，内外辑睦"(《淳熙严州图经·风俗》)，人民刻苦耐劳，"少私而寡欲，知作而不知藏，与而不求其报"(《庄子·山木篇》)，形成了独特的严州文化。

严州的建制虽然失落了，但是几千年积淀下来的历史、文化依然存在，正像一首词里说的那样：青山依旧在，几度夕阳红。严州的青山依旧长在，绿水依旧长流，是永远也不会失落的。严州就像一坛封存的老酒，时间越长，香味越浓。丰厚的文化底蕴是古严州区域尤其是府城梅城复兴的独特优势。厚重的历史，辉煌的文化，是前行的动力而不是拖累的负担。文化是一种动力，更是一种资源，一种实力，文化自信是"四个自信"中更基础、更广泛、更深厚的自信。认识并开发严州文化这一宝贵资源，是一项具有现实意义的课题，在建设浙江文化大省、深入实施"八八战略"的工作中，"沉睡"多年的严州文化可以（也应该）发挥很好的作用。

朱睦卿

2020 年 7 月 8 日

目 录

001　引　言

第一章

庄子的乌托邦和孙权的政治设计

004　"建德之国"：庄子的乌托邦

012　10万年前的"建德人"：浙江历史的源头

017　轩辕黄帝的药师：桐君老人的故事

023　山越的平定和"新定"的诞生：严州郡县之始

030　"年少气盛，极有胆勇"：建德"一哥"孙韶

第二章

严州府和梅花城：州府的"姓氏"和州城的造型

038　钓来的州名：严子陵与严州

051　"天下梅花两朵半"：李文忠创建梅花城

060　"薪桂取于严"：从钱塘江海塘的"塘柴"说开去

第三章
"水香而善，其地可居"：严州的山水为什么"养人"

068　山源：逃难者的乐土

087　招贤桥和招贤里：水香而善，招来贤人

107　九姓渔民：严州江上的"贱民"

第四章
"奇山异水，天下独绝"：发现美，是要有眼光的

122　孟浩然夜宿建德江：月光下吟出的钱塘江唐诗之路

131　刘长卿："睦州诗派"的催生婆

142　"一川如画晚晴新"——诗中的乡愁："睦州诗派"

第五章
一只大草鞋，挡住百万兵：严州高僧的故事

154　半边鱼和平底螺：少康和尚的传说

164　一只大草鞋为什么能够挡住百万黄巢军

第六章

"宋公明大战乌龙岭"：古典文学名著与严州

172 "陈经济陷落严州府"：从《金瓶梅》中的严州府说起

186 "先生之风，山高水长"：范仲淹写《严先生祠堂记》

197 《剑南诗稿》刻严州：陆游与严州的文学情缘

209 陆游父子与严州刻书

213 参考文献

214 后　记

引　言

　　本书采用讲故事的方式向今天的读者介绍过去的事情，但是讲什么，怎么讲，是一个很伤脑筋的问题。经过反复考量，决定还是从最能体现严州特色的乡风文化入手。宋人方逢辰在《景定严州续志序》中说，严州之所以能够驰名天下，"不以田，不以赋，不以户口，而独以云山苍苍，江水泱泱，有子陵之风在也。"是因为严子陵隐居于此带来的高风亮节，以"严"名州就是这个意思。严州古名睦州，睦者，和睦亲近也，取名睦州是因为这里"俗阜人和，内外辑睦"，这一定义和"尚气节而轻功名"的"子陵之风"是相通的。范仲淹在《严先生祠堂记》中说："云山苍苍，江水泱泱，先生之风，山高水长。"本书就以"山高水长"之风来展开。

　　全书设置了六个章节，从严州的历史源头讲起，带出严州郡县的建置沿革、文化内涵，让鲜活的人物故事替代冰冷的历史。从严子陵选中这里隐居带来州名，到李文忠以开国之功建梅花城来阐明严州的历史地位；从伍子胥、朱买臣这些历史名人避难于此来见证严州的山水（自然的山水和人文的"山水"）何以"养人"；从严州的奇绝山水引出中国山水诗的鼻祖谢灵运、山水小品圣手吴均，直至唐代山水田园诗派的代表作家孟浩然，引出严州"土产"的"睦州诗派"和钱塘江唐诗之路；从一只大草鞋能挡百万兵的传奇故事引出佛教禅宗的掌故；最后以产生于严州的名著、名篇的故事为全书画上句号。

严州的历史是如此辉煌，严州的文化是如此丰富，这本小书只能从中择取几个闪光点加以介绍。限于识见和水平，入选的内容不一定恰当，表述的形式也不够生动，难以表现严州精彩之万一，还请广大读者批评指正。

第一章

庄子的乌托邦和孙权的政治设计

"建德之国"：庄子的乌托邦

《庄子·山木》："南越有邑焉，名为建德之国。其民愚而朴，少私而寡欲；知作而不知藏，与而不求其报……其生可乐，其死可葬。"

鲁国的国君鲁侯最近心情不大好，听说住在鲁国国都曲阜城南的市南宜僚是个见多识广的人，就把他召进王宫，准备向他倾诉一番。

宜僚见鲁侯满脸愁容，就问道："君侯呀，我看你满面的忧愁，有什么心事？能说给我听听吗？"

鲁侯说："宜僚先生呀，我潜心学习先王治理天下的道理，努力继承先君建设国家的事业；我虔诚地敬奉鬼神，尊重贤德的人才，很多事情我都亲自动手，亲力亲为，不敢有半点懈怠；但是，尽管我这样努力去做了，却仍然有许多灾祸发生，所以我觉得很郁闷啊！"

"采取这样的做法来避免忧患，你的想法未免也太肤浅了，让我来给你说说吧！"宜僚听了鲁侯的话，不由得笑了起来，他对鲁侯说："狐狸和豹子，栖息在深山老林之中，静静地隐藏在洞穴里面；它们白天在山洞里睡觉，晚上才出来活动，保持着高度的戒备；虽然饥渴难耐，还是很少出来找食吃，有很高的定力。但即使这样，它们却仍然避免不了被人类的网罗、机关、陷阱捕杀的悲惨命运。"

"这是为什么呢？"鲁侯听了，觉得不可理解，就问道。

"这都是它们那漂亮的皮毛带来的灾祸！"宜僚十分明确地说，"你看，你之所以心中老是觉得忧愁，也是因为你也有一张'毛皮'的缘故呀。"

"我身上哪里有什么毛皮呀？"鲁侯一脸茫然，不解地问道。

市南宜僚笑着说："你身上当然不会有野兽的毛皮了，但是"，市南宜僚话锋一转，接着说道："你承担着的鲁国君侯的王位不就是你身上漂亮的'毛皮'吗？你如果能够脱去这层'毛皮'，洗尽心中的污垢，去掉各种享乐的欲望，回归到那原始朴实的无人之野，就会永远摆脱那种种的烦恼和忧愁了。"

鲁侯听了市南子的这一番话，心里似乎有所触动。市南子看出了他的心思，就接着说："我听说遥远的南方（南越）有一个城邑，名字叫作'建德之国'。那里

建德地理图

桐庐县城（1935年）

的人民淳厚而质朴，很少有私欲；只知耕种而不知储藏，无私地给予人家而从来不图回报；不明白义的归宿，也不懂得礼的去向；随心所欲，率性而为，但是又都符合大道；他们活着的时候怡然自乐，死的时候能安然而葬。我希望君侯你也能像建德之国的人民一样，舍弃世俗的那一套繁文缛节，回归自然，跟大道相辅而行。"

类似的故事在《春秋别典》一书中也有记载。说的是晋文公成为霸主之后，有一个翟国的老百姓送来了一张很大的狐狸皮和花豹的皮。晋文公看了以后，非常感慨地说："狐狸和花豹有什么罪呢，都是它们的皮毛惹的祸啊！"这时，跟随他流亡多年的功臣栾枝听了他的感叹，就接着说道："是呀，一个国家拥有广大的土地，而没有分给老百姓；君王府库里堆积着许多财富，而人们仍然没有饭吃，那不是和这两头被杀害的狐狸和豹子一样吗？"晋文公立马就听懂了他的意思，鼓励他把话说完。栾枝说："土地如果分配不均，别人就会起来分配；

财产积聚太多，就有人来争抢。"晋文公认为他说得对，马上实施改革，把土地和财产分给老百姓。

在"建德之国"的故事里，市南宜僚是否有要鲁侯学习晋文公的做法，施散财富、平均土地，我们不得而知，但是市南宜僚要鲁侯脱去"毛皮"的倾向性是十分明显的。

"建德"来自于老子《道德经》中"建德若偷"一词。是说德行高尚的人在修立道德的时候，从不炫耀宣扬，而是内敛、低调，从不自满，永远保持谦虚谨慎。"建德之国"的老百姓就都是这样一些淳朴而不张扬的人。显然，"建德之国"是道家的理想国度，是庄子按照道家思想设计出来的一幅社会蓝图，是庄子心目中的乌托邦。在这个国度里，人们都按照大道的规律工作、生活，淳朴而没有机心，只管耕耘，不问收获，一切都依道而行。

儒家的社会理想是"天下大同"[1]。在那里，天下为人们所共有，德才兼备的人才，能够脱颖而出，人人都讲求诚信，培养和睦的社会氛围。因此人们不只奉养自己的亲人，不只抚养自己的子女，老人有人养老送终，青壮年有工作，小孩子能够健康成长，孤独和残疾的人都能得到供养。男人有事业，女人有归宿。捡起地上的财物，是因为不想浪费而不是想要私藏；努力工作不是为了自己而是为了公众的利益。在这样的社会里，人们不会产生邪恶的想法，也没有盗贼，家家户户的大门都不用关闭。这就是大同的社会。

与道家返璞归真、无为而治的社会理想不同，儒家的大同社会要通过"选贤与能，讲信修睦"的努力才能达到。

道家创始人老子和庄子生活在春秋战国时代，各国

---

[1] 《礼记·礼运》："大道之行也，天下为公。选贤与能，讲信修睦，故人不独亲其亲，不独子其子，使老有所终，壮有所用，幼有所长，矜寡孤独废疾者，皆有所养，男有分，女有归。货恶其弃于地也，不必藏于己；力恶其不出于身也，不必为己。是故谋闭而不兴，盗窃乱贼而不作，故外户而不闭。是谓大同。"

之间互相杀伐，"争地以战，杀人盈野；争城以战，杀人盈城"①。中原大地，没有一块净土。老子把目光投向与世无争的"小国寡民"，庄子则把目光投向遥远的南方，他设想出了一个寄托理想的"建德之国"。

春秋战国时期，南方一带，最远的到达今两广、越南甚至南太平洋一带，号称"百越"。"南越"就是指长江以南散居的小国，因为这些小国大多散落在今浙江和福建的崇山峻岭中，所以后人又称他们为山越。山越之民尚未被中原文化教化，还保留着上古时期原始的粗犷遗风，被中原上国视为"南蛮"。这在庄子眼里是一张未曾被人类文明污染过的"白纸"，是一个"少私而寡欲"的清白之地，符合道家的理想。

西方思想家也为人们勾画过一个"建德之国"，那就是十六世纪英国人托马斯·莫尔笔下的乌托邦。乌托邦是一个田园诗般的社会，那里财产是公有的，人民是平等的，没有捐税和偷盗，整个社会充满自由、民主和博爱。每个人都必须参加劳动，有取之不尽、用之不竭的财富。

可以看出，莫尔的乌托邦和庄子的"建德之国"、儒家的大同社会有异曲同工之妙，都是人类社会的理想蓝图。

在庄子写出"建德之国"五百年之后，在南方的土地上，真的出现了一个现实版的"建德之国"——建德县。一代哲人的理想竟然变成了现实。

这时的中国经过了秦朝的短暂统一和两汉四百多年的辉煌后，重新陷入了分裂，进入三国时期，庄子所说的"南越"就出现在古越国所在的吴国境内。

---

① 〔战国〕孟轲：《孟子·离娄上》。

黄武四年（225），孙权从家乡富春县分出三个县来，命名为建德、桐庐、新昌（晋武帝太康元年即公元280年改名寿昌），这三个县后来都成为严州的下辖县。

就在孙权分县的前五年，那时候孙权还没有称帝，用的还是曹魏的黄初年号，那一年是黄初二年（220），孙权封爱将孙韶为建德侯，建德县成立后，就把它作为孙韶的封地。这时的吴国，对外要防备魏、蜀两国的侵扰，对内还要平定山越作乱。

孙权将家乡的土地命名为建德，是另有一番深意的。

孙权继承父兄的基业，创立吴国，据有江东六郡八十一州，连一代枭雄曹操对他都刮目相看，叹曰："生子当如孙仲谋！"孙权9岁丧父，18岁丧兄，是一路踩着苦难成长起来的。孙策曾经对孙权说："率领江东子弟上阵打仗，争夺天下，你不如我；让各种人才发挥才干，以保住江东，我不如你。"事业的重担促使他对社会、对历史有了深刻的认识，深知有德者始有天下，因此能礼贤下士，招揽人才，一时江东人才济济，事业十分兴旺。

孙权继承父兄事业之时，"江南新造，诸事未集"，根基不稳，十分需要以德聚人，收服民心。孔子说过，"为政以德，譬如北辰，居其所而众星拱之"。只要统治者行使德政，老百姓自然会拥护。古人认为，立德、立功、立言①是人生事业的三个层次，而立德又是最高的境界，分故乡富春之地而曰"建德"，封爱将为建德侯，莫不透露出孙权看重德业的政治思想。四年后，孙权定都秣陵（今江苏南京），改名建业。建德和建业这两个地名，十分耐人寻味：国都是政治中心，乃建功立业之处，取名建业，十分贴切；故乡是祖业之本，乃厚德载物之基，故名建德，十分恰当。

① 《左传·襄公二十四年》："太上有立德，其次有立功，其次有立言。虽久不废，此之谓不朽。"

孙权饱读诗书，史载其"性度弘朗，仁而多断，好侠养士，始有知名。"①孙权深知进德修业之重要，更知道德在业先的道理。从他对于建德和建业关系的处理上，可以明显地看出来他是将"德"放在"业"之前的。

分故乡之地命名曰建德，也不排除孙权的另一种政治考量，那就是对于山越的怀柔政策。

山越是越族的一支，越国灭亡后，越人散居山林蛮荒之地，实行部落制统治。山越人十分强悍，自秦至汉均未被驯服。建德民间著名的传奇人物朱买臣，就与山越有关。朱买臣发迹后被任命为会稽太守，他上任后的第一个任务就是征剿山越。但直至汉末三国时期，山越仍然是东吴的心腹大患，虽然屡屡征剿，却也难见功效。孙权以建德名县，可以看出他以德服人的政治态度，而不是一味地倚仗军事打击。当然，后来在军事围剿和政治招抚的两手作用下，山越最终还是"归服于王化"，融入汉民族的海洋之中，成为当地人民中的一员了。

从庄子提出"建德之国"的理想，到孙权设立"建德之县"，历史过去了五百年。五百年间，天下分而又合，合而又分，历史在不断的分合中曲折地前进，人们对"建德"的认识和理解也越来越深刻，越来越丰富。

时隔一千多年，后人无法判定孙权以"建德"二字封侯建县是不是来源于庄子当年提出的"建德之国"的理想，但是，以德立国无疑是历代统治者的目标和口号。

唐武则天神功元年（697），睦州州城从上游雉山（今淳安县）迁到建德，从此建德成为州治所在地。宋徽宗宣和三年（1121），平定方腊之乱，睦州改名严州，州治不变，仍在建德。民国元年（1912），撤销州府，各

① 《三国志·吴书·吴主传》引《江表传》文。

县直属省政府，后来又在建德设置过专署。中华人民共和国成立后，于1949年、1955年两度设置建德专署，专署机关都设在建德。1959年，撤销建德专署，建德县划属金华专署，1963年划属杭州市。建德之名从东吴黄武四年（225）起始，已经有将近1800年的历史，再过4年，将迎来建县1800年的盛大节日。

10万年前的"建德人"：
浙江历史的源头

习近平《与时俱进的浙江精神》："远在数万年前，浙江大地就已经出现了'建德人'的足迹。"

1974年的冬天，当中国科学院古脊椎动物与古人类研究所的张森水研究员从一个小孩手上接过那颗人牙化石时，他绝对想不到这一颗小小的牙齿居然有10万年的历史，不仅填补了浙江原始人考古的空白，还揭开了浙江省发现古人类化石的序幕。

那年冬天，"文革"已经进入后期，初期的狂热早已过去，人们对这场"革命"产生了越来越多的怀疑，许多人都当起了"逍遥派"，本来人就不多的古脊椎动物与古人类研究所显得更加冷清，在这里工作多年的张

"建德人"遗址被定为省级文保单位

森水和韩德芬想乘此机会出去走走，碰碰运气，看会不会有什么意外的收获。浙江历来是古人类考古的薄弱点，同时，张森水还有一个"心愿"，就是"想为家乡摘掉无旧石器文化的帽子尽绵薄之力"①，于是决定南下浙江去看看。

到了浙江后，张森水与浙江省博物馆的魏丰和张明华两位同行会合，前往钱塘江上游山区的建德县。1962年和1963年，建德曾经发现过古动物和古人类的化石，所以这一次他们直奔建德而去。在当地政宣组同志的陪同下，他们于11月24日来到发现化石的李家公社新桥大队（现已改名为建德市李家镇新桥村）。这里出土化石的遗址叫乌龟洞，在村后的山坡上，是个天然的石灰岩溶洞，洞口朝向西南，高约6米，宽约4米，深约5米，高出当地水面约32米。洞顶坍塌严重，大部分堆积层都暴露在外。含化石的土层有1米多厚，分上下两层。经过两天的发掘和清洗，发现了猕猴、最后斑鬣狗、猪獾、羊、鹿、麂、猪、豪猪、西藏熊、水牛、大熊猫、中国犀、剑齿象、纳玛象、东方剑齿象等15种哺乳动物的化石，其中剑齿象、中国犀、最后斑鬣狗、纳玛象和东方剑齿象已经灭绝。此外还发现了大量的燧石碎屑，但是在这些燧石中并没有发现人工痕迹清晰的物件，意义不大，更不用说古人类的化石了。

正在大家失望之时，村里的一个小孩给考察组送来了一把化石，让他们看看有没有可用的，这些化石来自旁边的一个小支洞。经过初步鉴定，有犀牛和水牛等，更加意外的是，里面居然有一颗人牙化石！

为了在小支洞中找到更多更有科学价值的标本，张森水一行人担心工人发掘有失，于是他们决定自己动手，但是直至洞中的堆积全部挖完，除了单个的动物牙齿以

① 张森水：《遗憾与快慰——忆"建德人"牙发现始末》。

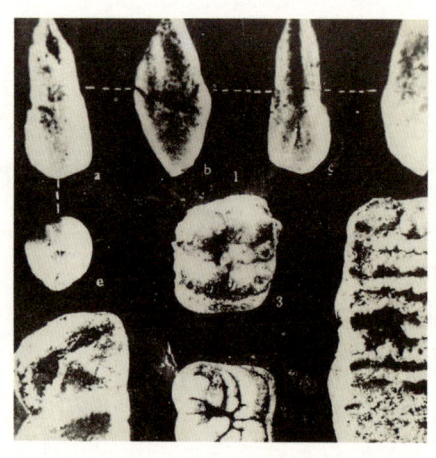

建德人牙

清末严州府城（今建德市梅城镇）

外，再也没有发现人的化石。

据张森水先生的回忆，这颗人牙化石是一枚右上犬齿，发现时稍有破损，齿冠高11.6毫米，粗壮程度大于柳江人犬齿，估计年龄在30岁左右，为男性。最后，研究人员认定这颗牙齿化石属于早期智人类型，与旧石器时代晚期的柳江人相近，当时鉴定的年代为更新世晚期，距今5万年左右。中科院将其正式命名为"建德人"，并且作为考古遗迹，标绘在1979年出版的《中华人民共和国地图集》第30幅《中国主要考古遗迹图》中。

1986年，北大考古系年代测定实验室采用铀系测年法对乌龟洞中的牛化石重新进行年代测定，判断"建德人"生活的年代应距今10万年左右，比原先测定的年代提前了近一倍。

同时出土的古动物化石，有食肉动物，也有食草动物，这些动物化石的同时出土，反映了10万年前这一带气候温和、植被良好、动物种类繁多的生物环境，具有很高的研究价值。众多的古动物化石的出土，为我们构建了一幅10万年前"建德人"的生活场景图：乌龟洞下，阳光和煦，绿草如茵，森林茂密，流水潺潺，鸟语花香，鸢飞鱼跃，牛羊吃草，熊象饮水，猕猴在树枝间跳跃，犀牛在河水中洗浴。如此丰富的生活资源，令"建德人"吃穿不愁，犹如"羲皇上人"，过着无忧无虑的日子。

"建德人"是浙江省境内首次发现的"新人（晚期智人）阶段"的古人类化石，是浙江历史的源头。"建德人"的发现，揭开了浙江省境内发现古人类化石的序幕，为研究建德乃至浙江的史前文化提供了实物依据。从浙江范围来看，"'建德人'在浙西的山地密林中生活，他们靠渔猎为生，并且已经能够使用火；2万年前到8000年前，随着海侵的进退，'建德人'曾相继在浙东和浙西北山区、太湖平原、杭嘉湖平原和宁绍平原生存并建立起原始的聚落，成为越民族的祖先"①。

从全国乃至全球范围来看，"建德人"的发现，除了揭开人类发展史在浙江的序幕以外，连同中国其他地区的5万—10万年前智人化石和遗存分布，皆有力地证明了从180万年前的西侯度到现代智人出现之时的5万年前，中华大地上一直有我们祖先的踪影，现代中国人并不完全来自非洲，本地古老人种也为我们的进化做出过重大的贡献。②

"建德人"发现之后，2005年5月，在桐庐县分水镇延村的一处天然溶洞中，也发现了一块人类头骨化石，经鉴定，属于晚更新世，距今约1万至2万年，属旧石器时代晚期或更早，是晚期智人。

① 汪俊昌等：《人文浙江——加快建设文化大省》。
② 黄家豪：《浙江"建德人"在现代人类起源理论的意义》。

015

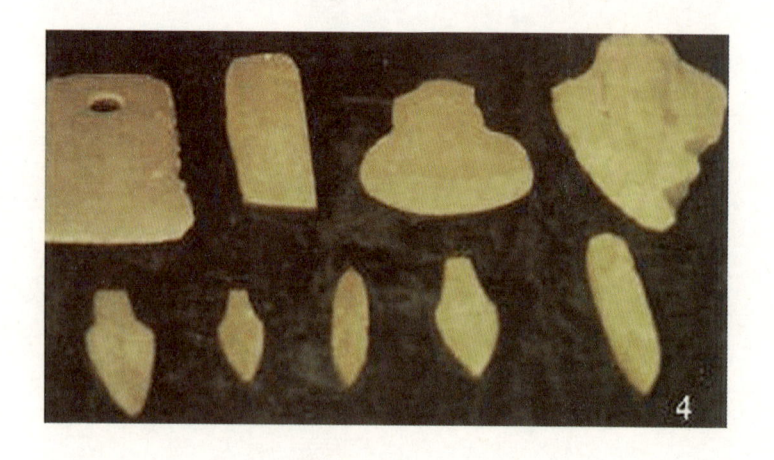

青龙头、六山岩出土的部分新石器

　　自二十世纪八十年代以来,在建德的六山岩、青龙头、久山湖,桐庐的方家洲、小青龙、大麦凸,淳安的五龙岛等地,都发现了新石器时代的遗址,出土了大量的石器、玉器、陶器和漆木器,为我们了解钱塘江中上游山地丘陵地区的原始文化面貌、手工艺技术水平、聚落形态及周边地区的史前文化关系等提供了全新而宝贵的资料。

　　2006年,时任浙江省委书记的习近平同志,在为《与时俱进的浙江精神》一书所写的序言中说:"远在数万年前,浙江大地就已经出现了'建德人'的足迹。跨湖桥、河姆渡、马家浜、良渚文化,更是进一步呈现出文明的曙光。"从这一论断中,我们可以看出"建德人"在浙江历史文化中的地位,"建德人"不愧是浙江历史的源头。

轩辕黄帝的药师：
桐君老人的故事

罗泌《路史》："（黄帝）命巫彭、桐君处方盉饵，湔浣刺治，而人得以尽年。"

五千年前的华夏大地，正是初夏的季节，钱塘江上游，一条小河欢快地汇入大江，河水一如四面环抱的群山，翠绿而靓丽。一座绿树浓荫的小山矗立在出口处，山坡上长着成片的梧桐树，高高的树干，"团扇大的叶片，长得密密层层，望去不留一线空隙，好像一个大绿幛，又好像图案画中的一座青山"[①]。已是中午时分，一位穿着葛衣芒鞋，背着背篓，手里拿着一把小石锄的采药老人，正坐在树荫下休息。老人的周围坐着许多农人，七嘴八舌地在问些什么。

"老爷爷，你每天上山挖这些草根、树桩，有什么用呀？"

"还有这些个树皮、树叶，又是拿来干什么的呀？"

"这些可不是普通的草根树皮。"采药老人笑眯眯地看着大家，慢条斯理地说。他举起手中的几支草根，给大家看："这是青木香，闻着就有一股香气，清凉解毒，可以治疗胸腹胀痛，还有止泻的功用。"

老人又拿起一株连根带叶还有一朵花的草药，说道：

[①] 丰子恺：《梧桐树》。

"你们数，这里是几张叶子？"

"七张叶子。"

"对了，这叫七叶一枝花。"采药老人说，"七叶一枝花能够清热解毒，镇定安神，是最好的蛇药。这种草药十分稀少，很难找，紧要关头能救人命。"

"是呀，去年我们村里有一个小伙子不小心被蛇咬了，因为没有人懂蛇药，只能眼睁睁地看着他受罪啊！"一个老农民叹息着说。

这位采药老人不仅认得许多草药，而且上知天文，下知地理，大家都觉得他实在不简单，就像天上的神仙一样，都想把他留下来，这样就可以为村里人的健康"保驾护航"了，还可以随时向他请教，学习医药知识。于是大家就问他姓什么，叫什么名字，今年多大了，谁知老人一问三不答，只是笑了笑，用手指指身后那一片高大而茂密的梧桐树。人们理解了他的意思：哦，原来他姓"桐"。于是，人们就尊敬地称他为"桐君"。

桐君在这里住了很久，走遍了附近的山头，采集了许多草药，为人们看病，救死扶伤，做了许多好事。他还手把手地教人们认识草药，人们把他尊为中华药祖。他采过药的山称为"桐君山"，他在山上住过的茅庐叫作"桐庐"，他攀登过的山岭叫作"桐岭"，那流过桐君山下的青碧的溪流就叫作"桐溪"。

桐君生活的年代，人类刚刚进入文明社会，中华大地还处在蛮荒之中，中华民族的人文初祖黄帝带领人民学会了耕种、纺织，人们发明了水上划的船和陆地上跑的车，还发明了医药，采用山野里的百草治病。据先秦

桐君老祖

古籍《山海经》《世本》等记载，黄帝时代的医官是巫彭，药官为桐君。

关于桐君所处的时代，古书上有不同的记载，主要有神农时代说、黄帝时代说、唐尧时代说、上古时代说和神仙说几种。

经过几千年的传说，桐君已经被世人视为天上的仙人，坐在用红云驾驭的车子上，在空中飘游。他召唤来各种药材的精灵，让它们把药材的药性一一口述出来，编成了一部药书《桐君药录》，以便世人了解和掌握，祛病延年，造福人类。[1]

桐君的事迹被收入上古典籍《世本》《山海经》和药书《药总诀》《延年秘录》《本草纲目》之中。明代的《万历严州府志》称其为"上古"时人："上古桐君，

[1]〔日〕惟宗时俊《医家千家文》引《本草抄义》："桐君乘绛云之车，唤诸药精，悉遣述其功能，因则录之，呼为《桐君药录》。"

不知何许人，亦莫详其姓氏。尝采药求道，止于桐庐县东隈桐树下。其桐枝柯偃盖，荫蔽数亩，远望如庐舍。或有问其姓者，则指桐以示之，因名其人为桐君。"

无论属于哪个时代，桐君都是一个采药老人的形象。上古时代，人类尚处于蒙昧期，对大自然和人类本身的认识都十分肤浅，对于医药的体验更是朦胧得很，全凭口耳相传。理性的认识，要有一个长期积累的过程，因此，懂医懂药的多为年长之人，采药老人、老郎中甚而至于老神仙的称谓和形象即由此而来。桐君这一上古黄帝时期的药官形象即脱胎于此，是无数个采药老人形象集中而成的典型。

采药老人以药圣的形象出现，是我们的先人对于勤劳智慧的劳动人民的赞颂和肯定。作为药圣的桐君，之所以在钱塘江上游的桐庐出现，有一定的偶然性，也有一定的必然性。

中华大地，从南到北，从东到西，广袤无垠，可以入药的药材（包括各类植物、矿物、动物）不计其数，在这块富饶的土地上采集药物的药农无法计数，可以说，任何一个采药人都有桐君的影子，因此，药圣桐君在哪里出现确实有一定的偶然性。那么，桐君之所以在桐庐出现的必然性又在哪里呢？

位于钱塘江上游的桐庐是严州府下辖的一个县，这一带山清水秀，植被良好，森林茂密，山峰白云缭绕，溪中流水潺潺，"夹峰高山，皆生寒树，负势竞上，互相轩邈，争高直指，千百成峰。泉水激石，泠泠作响；好鸟相鸣，嘤嘤成韵"[1]。不仅盛产各种药材，还是古人向往的修行养性之地，非常适合人类生活居住："鸢飞戾天者，望峰息心；经纶世务者，窥谷忘反。"

[1]〔梁〕吴均：《与朱元思书》。

在中国道教文化中，道教与医药保健、自然科学关系密切，关于桐君的记载就颇有道教色彩，采药与求道是结合在一起的。因此，后人将桐君的采药与求道联系起来，中国最早的药书《桐君采药录》就托名桐君。①

《桐君采药录》至迟在西汉时期就已经问世。当时人们所利用的药物都源自天然的动物、植物和矿物，虽然不需要经过复杂的化学处理和繁琐的机械加工工序，但仍然需要经过一定的采制手段才能使其成为实用的药物，因此必须掌握这些天然物质本身的形态特征、处理方法和加工工序，主要产地、采集的季节和时间、处所，还要辨识其本身的性、味，以及其对于人类疾病的治疗作用等诸多问题。古代早期的采药包含制药的过程，与现代制药的目的和要求是一致的，因此《桐君采药录》堪称世界上最早的制药学专著，是中国人民一项伟大的创举。

① 《万历严州府志》卷一八《外志一·仙释》："上古桐君，尝采药求道，止于桐庐县东隈桐树下。"

桐君山石坊　马圣燕摄

《桐君采药录》前后流传了上千年，影响波及海内外，到北宋时失传。书中提出的"君臣佐使"[①]的药物配方理念，成为中医药处方的指导思想，影响极为深远。清光绪三十四年（1908），四川药业界人士为了纪念桐君的贡献，在重庆创办了以桐君命名的制药厂——桐君阁，专门从事中药的生产和销售业务，成为一家名扬中外的国药老店。

作为中华民族的药神，千百年来，桐君一直活在人民的心里，人们不仅以他的姓氏来命名地名，有了桐庐、桐江、桐溪、桐岭、桐君山这样一系列地名，还在桐君山上建了桐君祠和桐君塔，成为一方名胜。三国东吴黄武四年（225），吴大帝孙权从家乡富春县分出土地，设置了建德、桐庐、新昌三县，桐庐县正式诞生，县名即取自桐君老人。唐高祖武德四年（621），从桐庐西北划出七乡，设分水县；并于桐庐设置严州，此为严州得名之始，三年后撤销。1958年，分水重新并入。1963年划属杭州市。

---

① 〔梁〕陶弘景《本草经集注》引《桐君采药录》："识草木金石性味，定三品药物，以为君臣佐使。"

山越的平定和"新定"的诞生：
严州郡县之始

《淳熙严州图经》：东汉建安十三年（208），孙权遣威武中郎将贺齐击定山越，始分丹阳郡之歙县立始新、新定、犁阳、休阳四县，合黟与歙为县六，置新都郡。

山越为古代百越民族的后裔，散居于丹阳、吴、会稽、鄱阳诸郡山区，故亦称"山民"，分布地区很广，东及于海，西达湘江，北抵长江，南临交州（今广东、广西一带），相当于今江苏、浙江、安徽、江西、福建、广东等省的山区，而以丹阳郡（即今之皖南、浙西山区）为中心，人数最多，实力最强。势力较大的部族有潘临、祖郎、严白虎等，人数少则上千，多则上万。这些部族互不统属，不时骚扰郡县，劫掠人民财产，对东吴的后方造成极大的威胁。建安八年（203），孙权西征黄祖，正待破城之时，山越复起，骚扰孙吴后方，迫使孙权不得不罢兵。山越各部还私通刘表、袁术、曹操等东吴政敌，密谋合作，里应外合，成为东吴的心腹大患。孙权下决心要拔除这颗眼中钉，先后派出贺齐、诸葛恪、陆逊、董袭等大将围剿山越，其中贺齐战功卓著，对严州的影响也最大。

贺齐（？—227），字公苗，会稽山阴（今浙江绍兴）人，东吴名将，在严州早期历史上有很大的影响。会稽贺氏在汉代时从中原迁徙而来，原姓庆，其中一位先祖叫庆普，是汉代的大儒，精于礼学，他这一派的礼学被称为"庆氏学"。族祖庆纯汉安帝时为侍中，因为避汉安帝父之讳，改姓贺氏。贺氏家族重视建功立业，对于新崛起的孙吴政权采取合作态度,始终尊崇如一,世代为孙吴之"佳将",为开拓和稳固孙吴江山冲锋陷阵,贺齐是其中最具代表性的一个。

贺齐以平定山越之功而被载入史册。早在汉献帝建安元年(196)之前任剡县长时,就已经和山越交过手,并且取得了胜利。

贺齐任职剡县时,衙门里有一个叫斯从的公务员在社会上为非作歹,贺齐接到了许多群众举报,掌握了他的罪行,准备对他加以惩处。剡县主簿悄悄地告诉他:斯氏是剡县的大族,许多山越人都依附他们,你要是惩

《淳熙严州图经》

处了斯从，山越之人就会来闹事，剡县就不得安宁了。贺齐是个犟脾气，听了这话，不由大怒，立马就杀了斯从。第二天，斯从的族人亲属纠集了一千多人，来攻打县城。贺齐率领官兵百姓，主动出击，冲出城去，勇猛杀敌，彻底消灭了来犯之敌。从此，贺齐的威名传遍了会稽地区，山越人为之震动。

建安元年（196），孙策巡视会稽，发现贺齐的才干，举其为孝廉，任命为永宁长，后任南部都尉和平东校尉，建安十三年（208），贺齐被任命为威武中郎将。

这一年，发生了历史上著名的赤壁之战，曹兵大败，曹操退回许都，留兵守江陵、襄阳，孙权抓住曹兵空虚的机会，率兵攻打合肥，正当要破城之际，忽然传来丹阳郡境内的山越聚众扰乱的消息，极大地威胁着后方的安全和稳定，孙权急命贺齐率部前往平定。

贺齐率领大军进驻山越势力最为集中的丹阳郡的黟县和歙县（今属安徽黄山市），歙县的东乡、叶乡、南乡、武强相继归降。山越的主要兵力集中在歙县的安勒山、乌聊山和黟县的林历山"三山"，贼帅金奇拥兵一万驻安勒山，毛甘拥兵一万驻乌聊山，陈仆、祖山率兵二万驻守林历山。"三山"中以林历山地形最险、实力最强。贺齐决定先敲掉这块"硬骨头"。打掉了林历山，另外两山将不战而胜之。于是贺齐挥兵西进，直逼山越老巢林历山。林历山山高林密，四面悬崖峭壁，高数十丈，山路崎岖而狭窄，只能容一人上下。山越之人居高临下，据险而守，只要有几块石头便可使贺齐的军队攻不上去。山越人世世代代生活在山林之中，"高尚气力"，登山历险，如履平地，十分彪悍，单兵的战斗力很强，如若正面进攻，无异于以卵击石，必败无疑。大军在山下围困了一个多月，始终没办法攻上去。

贺齐亲自来到前线察看地形，观察山势的走向，找到一处山势险要但防守薄弱的地方，决定出奇制胜，从这里突破。他从当地秘密挑选了几个身手矫捷的勇士，每人携带铁镢，拓山为道，趁着夜色攀上了一处无人把守的悬崖，把带去的白布放下，让经过挑选的一百多名战士攀援而上，隐蔽在各处，擂响战鼓，吹响号角。山上的贼众不知来了多少兵马，以为是神兵天降，一个个惊慌失措，守道的士兵都退回大营。这时，早已埋伏在山下的大军乘势向上发起攻击，上下夹击，大获全胜，"斩首七千"，消灭了山越的主力部队。安勒山和乌聊山的山越部队听说林历山已破，知道难逃失败，就相继投降了。

平定了黟、歙地区的山越之后，贺齐向孙权奏表，将歙县分为两个县：于东乡之叶乡置始新县，于南乡之武强置新定县。始新后改名淳安，新定后改名遂安，是为两县建置之始。又划置黎阳、休阳二县，共计六县，孙权下旨将此六县设置了一个新的郡，命名为新都郡，并且任命贺齐为这个新设的新都郡的太守，郡治设在始新。因为这座城池是贺齐建的，所以后人称之为"贺城"。

建安十六年（211），余杭人郎稚叛乱，不久即聚众数千人。贺齐奉命调往吴郡，率兵讨伐。叛乱平息后，析余杭置临水县。贺齐凯旋班师，孙权亲自出迎，赐軿车骏马，并让他上车，贺齐不敢。孙权叫手下人扶他上车，并且派人赶车。孙权对臣下说："做人必须努力，如果不付出辛勤的贡献，是不可能有这样的荣耀的。"一直送出一百多步才返回。

建安十八年（213），贺齐与陆逊一起讨伐鄱阳贼，出奇兵胜之，斩其首领，其余的人都投降了，贺齐从中挑选青壮年编为部队，得精兵八千，升为奋武将军。建安二十一年（216），又升为安东将军，封山阴侯。

淳安原老县城贺城

孙权登位后，魏国派遣曹休伐吴，贺齐奉命统帅军队前往新市抵挡。贺齐积极备战，兵甲器械极为精良，刀枪耀日。战船排列整齐，阵容威武，贺齐的指挥船尤其高大华丽，青色的船身，红色的挂帘，鲜艳夺目，"千橹斗舰之属，望之若山"，吓得曹休不敢正视，赶紧领兵退回。贺齐因功升为后将军，领徐州牧，镇守江上，独当一面，成为东吴的重要将领。

贺齐以骁勇善战闻名，善于出奇制胜，在平定山越的战斗中，屡出奇兵，战功卓著。山越被征服后，其中的青壮年成为东吴的精兵，战斗力十分强悍。贺齐曾经对孙权说过，如果给他十万山越精兵，他可以扫平中原，横行天下！可见他的豪情和底气。

贺齐长期在今浙西、江西、皖南等地征讨山越宗部，收服了大量人口，给孙吴扩充了兵源和劳力。"拣其精健为兵，次者为户"，是贺齐处理山越问题的原则。自建安至黄武的二三十年时间里，贺齐大部分时间投身于征讨山越和抗御曹魏的战争之中，他先后增设了建安都尉府、平东校尉，建平县、始新县、新都郡等军事、行政建置，为孙吴政权的稳固和建设发挥了很大的作用。

隋开皇九年（589），改始新县为新安县，大业三年（607）改为雉山县；唐文明元年（684）复为新安县，开元元年（713）改为还淳县，永贞元年（805）改为青溪县；宋宣和四年（1122）改为淳化县，绍兴元年（1131）改为淳安县，直至如今。因此，贺齐是淳安县的开创者，老淳安县城即名贺城，城中东西两头建有两座贺齐庙，淳安人称贺齐为"贺老爷"，年年祭祀，香火旺盛。

经过战争与归并，山越部族有的迁往长江沿线，有的被编入当地郡县，成为编户齐民，最终都与汉民族融合，成为中华民族的一部分。在山越部族的核心区域即今皖南、浙西一带（相当于今天安徽省的歙县、休宁、黟县、祁门及浙江省的淳安、开化及临安西部一带），仍保留有浓烈的山越遗风，诚如明代地理学家王士性所说的那样，生活在浙西山区的人民，民风同山上的岩石一样十分强悍，不愿意受法律的约束，但是生活简朴，性格豪爽，

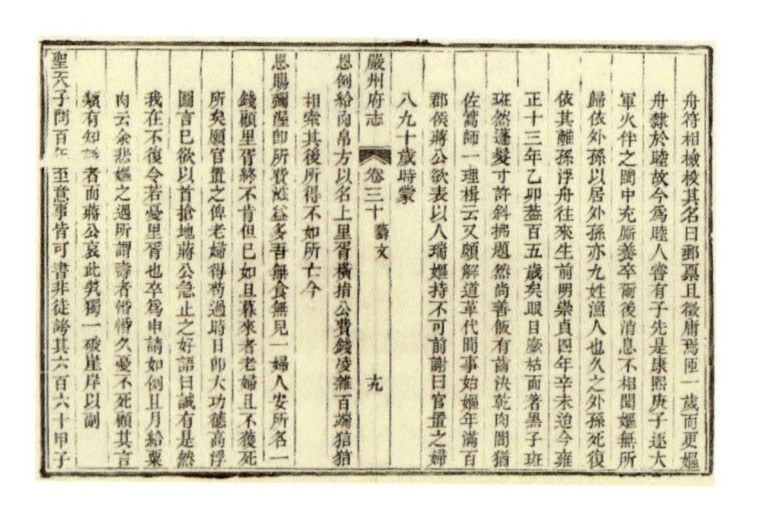

光绪五年《严州府志》

常常团结在一起对抗官府。[1]其彪悍遗风，代代相传，影响深远，唐宋两代，仅淳安一地就出现了陈硕真和方腊两位农民起义领袖，波及江南，震动全国。

经过一千多年的时间洗礼，山越遗风主要保留在文化上，如麻绣、编织、年节祭祀、傩戏傩舞等方面，成为一项宝贵的非物质文化遗产，受到了当地政府的重视，并被加以保护和开发，用以发展旅游文化事业。

---

[1]〔明〕王士性《广志绎》卷四："（浙西）山谷之民，石气所钟，猛烈鸷愎，轻犯刑法，善习俭素。然豪民颇负气，聚党与而傲缙绅。"

"年少气盛，极有胆勇"：建德"一哥"孙韶

《三国志·吴书·孙韶传》："孙韶，字公礼……（孙）权为吴王，迁扬威将军，封建德侯……身长八尺，仪貌都雅。"

  三国是一个出英雄的时代，也是一个出帅哥的时代，英雄个个都是帅哥。比如吕布，人称"人中吕布，马中赤兔"，以关、张之神勇，也要加上刘备，哥仨一起上，才能将他打败，"虎牢关三英战吕布"成为《三国演义》中最为精彩的片段之一。又如马超，"狮盔兽带，银甲白袍：一来结束非凡，二者人才出众"，燕人张翼德与之挑灯夜战，大战三百回合也不能赢他，人言"锦马超"。又如赵云，白袍小将，长坂坡中进出曹兵重围，如入无人之境。再如江东孙策，人称小霸王，大都督周瑜，人称周郎，两人各抱得美人归：一个大乔，一个小乔。

  说起三国的帅哥，我们建德也有一位，那就是被孙权封为建德侯的孙韶。《三国志》中称他"身长八尺，仪貌都雅"；《三国演义》中则称赞他"年少气盛，极有胆勇"，是一个帅哥大英雄。"身长八尺，仪貌都雅"，翻译成现代白话就是：个子高挑，仪容优雅，相貌堂堂，风度翩翩。据测算，汉代一尺相当于23.1厘米，八尺约为1.85米；三国时一尺相当于24.2厘米，八尺约为1.94米，这样的身高不要说古代，就是放在现代，也绝对够得上帅哥的标准了。

孙韶是唯一被载入《三国志》并且还被写入《三国演义》的建德人。先有建德侯，后有建德县。黄初二年（221），孙韶已经被孙权封为建德侯了；过了四年，到了东吴黄武四年（225），建德县之名才诞生。因此，孙韶是当之无愧的"第一个"建德人，称他为"建德一哥"，一点也不过分。

孙韶（188—241），字公礼，三国东吴吴郡富春（今浙江富阳）人。他从小跟随伯父孙河生活。孙河与孙坚同族，是一位能征善战的将领，随孙坚东征西讨，冲锋陷阵，屡立战功，孙坚倚重他，并将他当作心腹，十分信任。汉献帝初平二年（191），孙坚征讨刘表时在襄阳战死，孙河又协助孙坚的儿子孙策作战，平定吴、会（吴郡和会稽郡），为孙氏在江东立足立下了功劳。汉献帝建安五年（200）孙策遇刺身亡，孙河又辅佐孙策之弟孙权，东征西战，讨伐李术，拜威冠中郎将，领庐江（今安徽合肥）太守。后为将军，屯守京城。[①]建安九年（204），孙权的弟弟孙翊因叛乱而被害，孙河前往处理，追究孙翊部将妫览和戴员的责任，结果被妫、戴二人所杀。

这时孙韶才十七岁，留在京城，听到消息后，并没有惊慌失措，而是沉着应对，整顿部队，加固城防，修缮战船，打造兵器，做好迎战的准备。孙权得到叛乱的报告，从椒丘（今江西新建）率兵到丹杨平定了叛乱，返回途中，经过京城，天色已晚，就在城外安营。孙权见城内没有动静，就让部队试着攻城，看看城内的防御战备做得如何。谁知城上立即有人发出战斗警报，城头上站满了武装的士兵，灯笼火把齐明，呼喊之声惊天动地，箭如飞蝗一般地射来，伤了好几个人。孙权赶紧下令停止"演习"，向城中喊话，通知城内是自己人，是主公回来了，城头上这才停止射击。

[①] 建安十三年（208），孙权将国都从吴（今江苏苏州）迁往丹徒（今江苏镇江），称为京城。建安十六年（211），又从丹徒迁往秣陵（今江苏南京），改名建业，在丹徒设置京口镇，故又名京口。

第二天，孙权入城，见到孙韶年轻英武，十分器重，当即封他为承烈校尉，统领孙河旧部，将曲阿（今江苏丹阳）、丹徒（今江苏丹徒）二县作为他的食邑（享受赋税），并且允许他自己设立办事机构，设置长史，保留和孙河同等的待遇。不久，调任广陵（今江苏扬州）太守，任偏将军，既管地方，又管军队，对他十分信任。广陵地处吴魏边境，具有重要的军事意义和政治意义，责任十分重大，孙韶身兼行政领导和军事首长之职，上马管兵，下马管民，充分施展了他的政治才能和军事才能。

魏文帝黄初二年（221），孙权接受文帝曹丕的封号，称吴王，升孙韶为扬威将军，并封爵建德侯。第二年，孙权加封孙韶为镇北将军。黄武四年（225），孙权从家乡富春县划出土地，设置了建德、桐庐、新昌（后改寿昌）三县，将建德作为孙韶的封地，建德县之设自此始。孙韶成为建德县的开创者，是第一个建德人。

孙韶镇守边关数十年，"善养士卒，得其死力"，他爱护兵卒将领，部下都愿意听从他的号令，军纪严明，军队的战斗力很强。孙韶十分注意了解敌情，常常派人外出侦察，随时掌握敌方的动态，做好应对的准备，所以在军事上很少有失误，成为一位常胜将军。政治上，他注意民心的向背，采取了一系列安定社会、发展生产的措施，结果连魏国的百姓都跑过来归附。

孙韶的怀柔政策十分有效，搞得魏国很是头疼，不得不将淮河沿河地区军队和老百姓撤往内地，徐州、泗水、长江、淮河一带，吴、魏两国交界之处，几十里内都成为无人区。

孙权统兵西征，与魏、蜀交战，把国都也迁到了湖北武昌（今湖北鄂州），孙韶远在长江下游，十多年没有见到孙权，一直到黄龙元年（229），孙权还都建业，大赏群臣，孙韶才有机会朝见。孙权询问魏国南部边境青州和徐州一带的军事要塞、布防情况、将帅姓名、兵力多少，孙韶随问随答，没有答不上来的，孙权听了十分满意，对孙韶非常赞赏，对人说："我很久不见公礼，不料他进步这么快！"之后孙韶被提升为镇北将军，加封为幽州牧，持皇帝节钺。

黄武元年（222），曹丕兴兵伐吴，魏国的出征名单中有曹休、张辽等名将，东吴则派出了吕范、孙韶、朱然、诸葛瑾、贺齐、徐盛、潘璋等人迎战，孙韶名列其中。

嘉禾三年（234），孙韶与吴主孙权、大将陆逊各带一路兵马伐魏。虽然是为了配合诸葛亮北伐中原的战略，没能取得多大战果，但也可以看出孙韶在东吴的军事地位。

孙韶的故事还被大作家罗贯中写进了古典文学名著《三国演义》之中，书中突出描写了孙韶"年少气盛，极有胆勇"的鲜明性格。写到孙韶的这回书为第八十六回《难张温秦宓逞天辩，破曹丕徐盛用火攻》，写了魏主曹丕发水陆军马三十余万，御驾亲征，杀奔东吴，要报其父曹操兵败赤壁之仇，而孙韶率奇兵伏击曹丕，大获全胜的故事。

《三国演义》中记载的这个故事，历史上确有其事。据《三国志·吴书·吴主传》引《吴录》记载，黄武四年（225），也就是孙权设置建德县这一年，魏主曹丕亲自领兵到广陵，要来攻打东吴，广陵正是孙韶的防区。曹丕兴兵的理由是不是为父报仇，不得而知，但是他闯到孙韶的防区则是事实。孙韶对于魏国的动静十分关注，敌国的国主"御驾亲征"这样的大事他不会不知道，知道了不会无动于衷，要不就不是"极有胆勇"的孙韶了。

建德侯牌坊

孙韶听到这个消息,觉得是一个千载难逢的好机会,立即精选了五百名敢死队员,派心腹将领高寿率领,埋伏在半路上,准备截杀曹丕。可惜的是,情报不准,只打中了备用的辅车,让曹丕跑了,不然的话,三国的历史将要改写了。

孙韶于东吴赤乌四年(241)去世,享年54岁。他的后代世居州城,"五代末季,郡城刻日有兵戈之扰",族人"各四散",有孙氏之名行万五者率族人迁居到"郡南马目山麓,地曰'大山'"之处(《富春堂孙氏族谱》),子孙繁衍,自成村落,名"孙家村",今名"孙家"。村中至今尚保存着富春堂、建德侯庙等古建筑。

孙家坐落在州城西南的马目山脚,周围四峰环抱,故又称"四峰村"。村落布局呈S形,极似太极阴阳图形,村内卵石铺路,水渠沿村道而流,丛林蔽日,竹木参天,生态环境十分优良。富春堂位于村中,门楼两侧立柱的材质不一，一边为石，一边为木，据说这是因为孙韶非孙氏嫡裔而乃俞氏改姓之故。这里民风淳厚，环境幽静，犹如世外桃源，确是一个遁世的好地方。

第二章

严州府和梅花城：州府的「姓氏」和州城的造型

钓来的州名：严子陵与严州

南宋方逢辰《景定严州续志序》："严之所以为望郡而得名者，不以田，不以赋，不以户口，而独以云山苍苍，江水泱泱，有子陵之风在也。"

两千年前，富春山中的一位隐士收到当时的皇帝汉光武帝刘秀的一封信①，信中这样写道：

上古时候的明君时代，有不愿意出来做官的贤人，我怎么敢轻慢地召您子陵先生做我的臣子呢？只是我现在承担着安天下的重任，像在薄冰上行走一样，必须十分小心；又像患病之人，需要扶着拐杖才能行走。当年绮里季等四位高贤没有轻视高祖的聘请，难道子陵您会辜负我的一片好意吗？至于古代高士巢父、许由高隐箕山颍水的高洁之风，不是我所敢向往的事情呀！

细细体会信的内容，写信人似乎在耐心地和收信人商量：战后初定，百废待兴，正是用人之际，老朋友呀，你能不能看在咱们多年的交情上，帮兄弟一把呀！

这是皇帝写给老朋友的一封信，在原文中，除了皇帝的自称"朕"字以外，通篇都是商量的口气，没有一句居高临下的傲慢与专横。要知道，在封建王权时代，皇帝讲的每一句话都是圣旨，民间俗语说"皇帝开金口"，皇帝说的话，理解的要执行，不理解的也要执行，是没有讨价还价的余地的，否则就是抗旨，是要杀头的。这

① 〔汉〕刘秀：《与子陵书》。

里不说圣旨而说书信，说明通信的双方地位是平等的，没有尊卑之分。这样的信，在中国两千多年的封建历史中是少有的。

写信的人是东汉王朝第一代皇帝光武帝刘秀，收信人则是他的老同学严子陵。

后人从这封信中读出了刘秀海纳百川的大度和求贤若渴的诚恳，读出了严子陵的高才和风度。诚如后来范仲淹说的那样："子陵先生的胸怀和志向比日月还要高，光武皇帝的器量能够包容天地。"[1]后来，严子陵隐居的地方被命名为严州，严子陵可以说是严州第一人。以严子陵的姓氏命名一个州府，这自然是对严子陵的肯定和纪念，但又何尝不是对刘秀的肯定和纪念呢。

严子陵本姓庄，一名遵，又名光，字子陵。家住浙东四明山下的余姚，年轻时外出游学，曾与汉室宗亲刘秀为友。后来刘秀起兵反对王莽，严子陵曾经参与过战略大计，向刘秀推荐过大将马援等人才，还建议刘秀"克复神器，入继大统"[2]，夺回被王莽篡夺的政权，恢复汉朝天下，是一个很有政治眼光的人。后来刘秀果然扫平群雄，建立了东汉王朝。刘秀做了皇帝后，想起老同学严子陵是一个十分有才干的人，想请他出来做官，帮助自己管理天下，但茫茫人海，上哪儿去找呢？于是"画影图形"（凭记忆画出严子陵的肖像），在全国各地张贴，就像现在公安部发布寻人启事一样，在全国各地搜寻。后来终于有了消息，有人报告说在齐国（今山东半岛）的一个湖边发现一个穿着翻毛羊皮袄的垂钓者，很像是皇帝的这位老同学，但请了几次都不肯来。刘秀听说后，料定这个钓鱼的人一定是严子陵。他深知这位老同学一向恃才傲物，不多请几次是不会轻易来的，便命令当地官员一定要保持足够的耐心和礼貌，无论如何要把他请

---

[1]〔宋〕范仲淹《严先生祠堂记》："盖先生之心，出乎日月之上；光武之器，包乎天地之外。"
[2]〔元〕郑玉：《子陵不屈光武论》。

来。于是齐国官员三次往请，动用了安车①宝马，将他请到京师洛阳，并且直接被安置进了首都卫戍部队北军的馆驿里，相当于住进了今天的北京卫戍区的招待所，受到了高规格的接待。

这时，有人来了。来者是位列三公②的大司徒侯霸派来的信使西曹属侯子道。汉代的司徒地位相当于丞相，乃百官之长，可谓一人之下万人之上，权势十分显赫。这位侯霸与严子陵是老朋友。来人奉上司徒大人的书信，对严子陵说："听说老先生来了，我家大人很高兴，马上要来看望，但因为公务繁忙，抽不开身，现在天色已晚，大司徒也已下朝，能否有劳老先生屈尊过司徒府叙叙旧？"严子陵拿眼瞟了瞟这位曹属官，没有吭声，也不起来让座答话，就坐在榻床上叉着双腿拆阅书信，半天才看完，这才慢条斯理地问道："君房（侯霸字君房）这小子向来有点傻，想不到今天居然能做这么大的官，应该比过去好些了吧？"侯子道听了，不觉一愣，他想了想，恭恭敬敬地说："侯大人已经当到了大司徒，位列三公，已经不傻了。"严子陵说："你说不傻，我看他讲的话就很傻。天子请了我三次我才来，皇帝我都不想见，何况他这个臣子？"侯子道没办法，空手回去是没法交代的，只得请严子陵回一封信，以便交差。严子陵说："我手痛，不会写字。"于是口授了一封信，命侯子道记下："君房足下，位至鼎足，甚善。怀仁辅义天下悦，阿谀顺旨要领绝。"③一共才24个字。侯子道说这封信也太短了吧，要求增加字数。严子陵说："你以为还可以讨价还价，多给一点？"侯子道无奈，只好带着这封24个字的信回去复命。侯霸见了自然十分恼火，就把信转呈给刘秀，刘秀看了，笑道："狂奴故态也！"（狂奴：对狂士的亲昵称呼）马上传旨安排车驾去馆驿看望严子陵。皇帝临门，严子陵仍然躺着不起来。刘秀来到床前，摸摸他的肚子，说："子陵啊子陵，你难道

---

① 安车：木头轮子上包扎了蒲草的轿车，又称蒲车，这样在土路上滚动时可以减轻震动，使人感觉舒服一些。
② 三公：汉代级别最高的三个官职，即大司空、大司马、大司徒。
③ 君房老兄，听说你位列三公，做了大官了，很好。希望你今后多做仁义之事，让天下百姓受益，千万不要做那些奉承拍马的事哟！

不肯帮助我治理天下么？"严子陵合着眼睛装睡，不应声，过了许久，才睁大眼睛看着刘秀说："上古时唐尧为帝，要把天下让给高士巢父，巢父认为尧帝的话玷污了他的耳朵，就到河里去洗耳朵。人各有志，陛下何必强迫呢？"刘秀听了，无奈地说："子陵啊子陵，我居然无法说服你呀！"叹息数声，回宫去了。

后来刘秀仍然派人将严子陵接进宫去，促膝谈心，回忆旧事，十分愉快。刘秀很客气地问他："老同学呀，你看我比以前有什么变化没有啊？"这话分明是给严子陵一根杆子，让他顺势往上爬，可以乘机歌颂一番。谁知这位老兄竟然毫不领情，只是淡淡地说："陛下比以前有所进步。"刘秀也不以为意，晚上留他住宿，并且同床而眠。严子陵又不老实，把脚搁在刘秀的肚皮上。第二天早朝，观察天象的太史官报告说，昨晚有客星出现，十分耀眼，把帝座的光芒都掩盖了。刘秀听了，笑着说："这是因为我昨天晚上与老朋友严子陵睡一床的缘故。"

这是一个十分有名的故事，载入了正史。拨去表面的神秘色彩，"客星犯帝座"并不是什么好兆头。严子陵不知收敛，锋头直逼皇帝，朝臣们制造这样的舆论，实在是一种阴险的暗示与挑拨。因此，严子陵不能留在朝廷里，否则的话，他绝没有什么好下场。

刘秀想请严子陵担任谏议大夫的官职，谏议大夫属于言官，职务清闲，虽无实权，但地位很高，而且就在皇帝身边，随时可以就朝政大事发表意见。平心而论，这样的职务对才高气盛的严子陵还是比较合适的，但严子陵说什么也不干，要回乡当老百姓，刘秀没有办法，只得由他。于是严子陵离开洛阳城，一路寻觅合适的地方，终于在钱塘江上游富春山中，落下脚来，躬耕垂钓，自食其力。汉光武帝建武十七年（41），刘秀再次下诏征聘严子陵①，措辞婉转，十分客气，表达了一代君王对一个知识分子人格志向的理解和尊重，这是很了不起的。

作为一位开国帝王，一位大政治家，刘秀这样做自有他深层次的政治目的。

西汉末年，王莽从自己的外孙手上夺取皇位，改名新朝，许多读书人趋炎附势，投向新政权，就连大学者扬雄也未能免俗，写了《剧秦美新》这样拍马屁的文章，贻为千古之羞。但也有许多读书人坚守节操，坚决不与其合作，不管他王莽的价码开得多高，就是不为所动，严子陵就是其中之一，被列入《后汉书·逸民传》中的周党、王霸等人皆是如此。在削平群雄、剪除王莽政权之后，这批不为篡国大盗收买的人成为新政权极力倚重的精神偶像，是维系民心的一根重要线索，刘秀对此十分清楚。作为一个雄才大略的政治家，他对严子陵做出的种种宽容大度、谦卑礼敬的举动有着强烈的示范作用和样板意义，说到底，严子陵的辞官归隐、保持节操，从另一个角度来说对新政权的稳固发挥了在朝人物发挥不了的作用，严子陵的这个作用比一个谏议大夫的作用不知要大多少倍，这也许正是刘秀所希望看到的。

由于严子陵坚持理想，拒绝高官厚禄的引诱，甘守清贫，他的事迹感动了一代又一代的人。在他隐居垂钓过的地方有许多以他的姓名来命名的地名，如严陵濑、严陵滩、严陵山、严子陵钓鱼台等。唐高祖武德四年（621），桐庐、分水、建德三县并为一州，命名为严州，"严"者，即严先生之姓氏也。虽然这个严州只存在了短短的四年，但它却是严州的肇始。北宋末年，方腊起义平息后，宋徽宗于宣和三年（1121）下旨改睦州为严州，严州的名称从此稳定下来，一直延续了791年，直至民国元年（1912）撤销严州军政分府为止。

---

① 〔汉〕刘秀：《与子陵书》。

严子陵钓台
（老照片）

严州的州名是严子陵先生用鱼钩钓来的，这在中国几百个州府中是独一无二的。

宋代严州状元方逢辰指出："严之所以为望郡而得名者，不以田，不以赋，不以户口，而独以云山苍苍，江水泱泱，有子陵之风在也。"[1]

元代严州文人方道叡则说："吾郡山水闻天下，以严名州，子陵高节故也。"[2]严州之名从严先生而来，同时又以严先生之名而驰誉天下，真乃地以人名，名以人传也。且《淳熙严州图经》中的《严州重修图经旧序》载："惟严为州，山水清绝，有高贤之遐躅，久以辑睦得名，今因严陵纪号。"说的也是严子陵给严州带来了"姓氏"。

[1]〔宋〕方逢辰：《景定严州续志》序。
[2]〔元〕方道叡：《思台文集》序。

〔清〕黄山寿《严子陵归钓图》

　　这些见于正史的说法无疑是十分权威的，不容置疑。但是严州民间却有着自己的说法。

　　这是一个流传很广的严子陵智建梅花城的故事。

　　老百姓们说，严子陵是个忠臣，体恤穷苦百姓，看不惯皇帝身边拍马屁的小人，不愿在朝为官。皇帝虽然知道严子陵不但是个忠臣，也是一个人才，但却挽留不住他，只能放他回家。严子陵向皇帝告别时，皇帝问他有什么要求，严子陵说自己什么都不缺，只要有一根绳子就行了，但必须是五股麻绳线搓成的绳子——梅花绳。皇帝也不明白他要梅花绳干什么用，想来一根绳子也起不了什么大的作用，也就依了他。

严子陵离开京城，一路行来，想找个好地方建造一座城池，以便安身落脚。他来到钱塘江上游，看到这里三江汇合，一座巍峨的大山屹立江边，山川雄伟，风光秀丽，就停住脚步，在山下平川之处打了五个桩，用带来的梅花绳一绕，建起了一座漂亮的梅花城。流离失所的百姓从此有了安家之处，大家都说严子陵好。消息传到京城，奸臣们到皇帝跟前告状，说严子陵私造梅花城，图谋造反，因为梅花城只有皇帝才有资格建造，私自建造是要杀头的。皇帝虽然不相信严子陵会造反，但经不起众人起哄造谣，就派了钦差大臣前往调查。严子陵说，我建梅花城乃是"奉旨行事"，有皇上赏赐的梅花绳为证。原来这里的土话"城""绳"不分，都念作"绳"，梅花绳就是梅花城。钦差大臣无话可说，严子陵这才保住了性命。但奸臣们仍不肯罢休，他们说梅花城后的大山是一条龙，叫乌龙山，山下的两个湖就是乌龙的双眼，如果都在城中，乌龙就活了，必须隔出一个去，才能独目不成龙，对皇家没有威胁。经过这样一番折腾，严子陵知道奸臣们不会放过他，就离开了梅花城，来到下游七里泷山中隐居起来，躬耕垂钓，自食其力，颐养天年。老百姓忘不了严子陵给他们带来的好处，就将这座城叫作严州城，以纪念他。

严子陵是会稽郡余姚县人，但他却选中了位于吴郡富春县境内的七里泷作为自己的隐居托命之地，个中缘由，耐人寻味。

七里泷位于钱塘江上游，锦峰绣岭，山高水长，风光秀丽，自然生态条件十分优越。严子陵选中这里，可能看中的是这里优良的地理环境。七里泷的青山绿水，很容易让人联想到庄子笔下的那些虚无缥缈的仙山胜境：

藐姑射之山，南冥之海……是富春江的山水吸引了严子陵，让他寄身于此，成就了一方名胜。

其次，也有可能是浙西一带道家文化的氛围吸引了他。钱塘江流域，早在严子陵之前，就有一位传说中的道家人物桐君在这里活动，以至留下了桐君山、桐庐县这样富有道家文化色彩的地名。秦汉之时，这一带散居着被统治者从越地强行迁徙而来的山越民族，淳朴的民风吸引了他。东汉初年，钱塘江流域尚未开发，仍是一处蛮荒之地，正如庄子在《山木》中所描绘的那样："其民愚而朴，少私而寡欲；知作而不知藏，与而不求其报；不知义之所适，不知礼之所将；猖狂妄行，乃蹈乎大方。"这样的地方，正是严子陵梦寐以求的理想之国。这里的山越之民"愚而朴"，不知礼义，比之秦时立县的故乡余姚，要原始落后得多，但这样的环境非常适合隐者的生活，这应该是严子陵选中这里的最重要的一个原因。

两千年前，富春山水接纳了严子陵，严子陵的隐居成为一个重大的历史事件。这位寻求理想之国的高士对这里的历史、社会、文化带来了巨大而深远的影响。

严子陵的影响可说当时就已经有了，而且很大。细想，皇帝下令在全国各地寻访他，天下谁人不知，何人不晓！两百年后，他的事迹首次被三国时人皇甫谧写入《高士传》中；再后来，南朝刘宋时人范晔编著《后汉书》，将之收入《逸民传》中。顺便说一句，收入《逸民传》的东汉高士不过十多人。编撰于南北朝时的《水经注》和《舆地志》也记载了严子陵的事迹。以他的名字命名的地名已经在这些书中出现，如严陵濑、严陵山、严山、严陵钓坛等。到了唐代，严子陵的姓氏已被正式用来命名州府了。据宋《淳熙严州图经》记载："唐武德四年（621）……析桐庐县为严州。"而"以严名州，子陵高节故也"。[①]

① 〔元〕方道叡《思台文集》序。

第二章 严州府和梅花城：州府的"姓氏"和州城的造型

严瀬下有子陵
钓臺對崇為
鷺鶿壘中頗
更曠 賓虹寫

黄宾虹《严子陵钓台》

取名严州完全是为了纪念严子陵。虽然很快就撤销了，但说明严子陵的影响在唐初就已经引起了最高统治者的注意。

北宋宣和三年（1121），方腊起义被平息，睦州改名为严州。从此，一直到民国元年（1912）废严州军政分府止，严州的名称和建制一直相沿未变。据南宋初年出任严州知州的董弅在《淳熙严州图经》之《严州重修图经旧序》中说："惟严为州，山水清绝，有高贤之遐躅，久以辑睦得名，今因严陵纪号。"这说明，睦州之称也从严子陵的文化影响而来。睦州建制于隋仁寿三年（603），"取其俗阜人和，内外辑睦为义"①。"俗阜人和，内外辑睦"，正是和谐文化追求的目标。

严子陵的名字还被用来命名当地的物产，还有一些当地物产的传说故事也与严子陵有关。例如子陵鱼，子陵鱼形细如针，农历五月间多产在七里泷一带浅水滩中，以竹帘捕之，日可一担，可鲜食，但更多地为加盐腌晒，风味独特，系严州一绝。

又如鲥鱼，在农历四五月间产于七里泷一带。民间传说，从东海游回七里泷产卵的鲥鱼都必须朝拜严先生。七里泷鲥鱼乃富春江特产，滋味远胜长江和珠江所产者。

当地还有一些具有纪念性的建筑，如严先生祠和钓台书院。

严先生祠有两处，一在严子陵钓台下，一在严州梅城，初建年代都不迟于宋代。钓台书院设在严子陵钓台下，建于南宋，为陆游之子陆子通任严州知州时所创，虽历有兴废，但续修不断。

① 〔宋〕陈公亮：《淳熙严州图经》卷一。

富春江鲥鱼

严子陵的历史影响主要还是在文化上。

在浙西，在严州，无论是知识阶层，还是民间百姓，严子陵对他们都有着难以估量的影响。

地名的命名，纪念物的修建，难以计数的诗文画卷，乃至雕塑、戏曲，这些都属于民众的纪念。不管这些诗文是歌颂还是批评，有一点可以肯定，那就是对严子陵的关注。严子陵是一个巨大的历史存在，凡是到过严州，到过富春江，到过钓鱼台的人，都会去瞻仰他，会发表自己的评论。严子陵已经成为一种文化现象，历史典范，深刻地影响着这里的社会民风和荣辱观念。

在民间，严子陵的影响更大，这不仅是因为严先生本身就生活在民间，生活在百姓中间。他厌弃官场，喜爱百姓，尽管老百姓们搞不懂什么道家儒家，但严子陵谢绝皇帝的挽留，不贪图富贵，这一点他们都看到了，凭这一点百姓们就把他当作自己人，就有亲切感。在浙

严子陵钓台

西山区，无论是市井街巷还是穷乡僻壤，无论其是引车卖浆之人，还是农夫野老、村妇村姑，人人都尊其为"严先生"。那些以严子陵命名的土特产和关于严子陵的数不清的传说故事，正是严子陵这一文化形象融化在民间土壤中的体现。

严子陵的形象和影响，深入民心，已经成为严州，成为钱塘江流域文化的一部分。他追求自由，无视王侯的崇高节操鼓舞了一代又一代的人，无论是官是民，都对之抱有深深的崇敬之情，这在中国历史上是很少见的现象。严子陵既属于知识分子的精英文化，通过正史记载和文献经典，成为文化传统的一部分；同时他又属于百姓的民间文化，通过口耳相传，戏文演唱，成为民间文化的一部分。既为精英文化所接受，又为民间文化所容纳，严子陵就是这样的一位历史人物，他已经成为一种文化形象，一种精神符号，深入社会，深入民意，融化到民情风俗中去了。

"天下梅花两朵半"：李文忠创建梅花城

严州民谣："天下梅花两朵半：北京一朵，南京一朵，严州半朵。"

这里所说的"梅花"，指的是城垛的造型。严州民间传说，只有京城城墙的城垛才能做成梅花形，因此，梅花形的城垛是皇城的象征。这种说法虽然缺乏正式的文献依据，但是北京北海团城、南京午门的城墙上的城垛的确与常见的锯齿形的骨牌城不同，做成了"梅花形"，而严州的梅花城垛与之大同小异。

严州梅花城的造型不仅见诸历代方志，也为清末美国传教士费佩德当年的照片所证实，可见民间传言之不虚。至于城垛的形状要用梅花而不是其他的花来代称，可能和梅花在中国传统文化中的地位有关。梅花是中国的国花，凌寒高洁，清香脱俗，被赋予了种种美好的品质。至于严州为什么有这样的底气和资格，能够仿照京城的模式来建造梅花城，这和严州在明朝开国中的特殊地位有关。

纵观中国历史，历代王朝的兴起之地，除元、清两代为北方少数民族入主中原而起自关外塞北以外，秦、汉以来皆起事于关中，略定中原，进而据有全国，唐朝和宋朝也是这样，但明朝却是个例外。

明太祖朱元璋起兵于淮河流域，据有长江下游，以集庆（今江苏南京）为大本营，与淮东的张士诚、江西的陈友谅相拒，其地盘相当于今安徽全境、江苏西部，下及浙西，成一长条形。当时，红巾军北上中原，一路征战，势如破竹，直抵元上都；又入今东北、西北，山东也为义军所有，元顺帝甚至于准备迁都以避义军锋芒。这时，长江流域的主要军事力量为朱元璋、陈友谅、张士诚三方，方国珍偏据浙东海隅，势力不大，而且政治上屡屡反复无常，奉行"有奶便是娘"的对策，毫无原则可言。因此，朱元璋的主要对手就是陈、张两家。朱元璋认为，陈友谅非常骄狂，张士诚胸襟狭隘。骄狂的人容易惹祸端，胸襟狭隘的人没有远见，所以必须先打掉陈友谅，经略东南，打出一片根据地来，才能纵横天下。

当时朱元璋兵力不如陈友谅，版图不如张士诚，却能稳守地盘，乘机发展，终于消灭了陈、张二股劲敌，继而北征，以摧枯拉朽之势统一全国。朱元璋得天下，平定东南为第一步战略，在这开局棋中，严州是极为重要的一颗棋子，与南京南北呼应，互为犄角，犹如一张弓的左右两端，不时射出劲箭，制敌取胜。

明史学家孟森对元末江南的形势有极为精当的分析，孟先生说："太祖起淮西，士诚起淮东；太祖取集庆，士诚取平江。江左一隅，同时分占，旁收列郡，所在接触。友谅则在长江上游，以池、太之间为兵冲。以兵力言，陈悍于张；以占事言，张繁于陈。"[①]朱元璋与张士诚的势力范围犬牙交错，互相对峙，不时发生冲突。严州处徽州下游，与婺、处、衢、信等州互相呼应，构成朱元璋势力范围南端的大本营，与北端的大本营集庆互为犄角，战略地位十分重要，是朱元璋的战略后方。朱元璋在这里设立了浙江行省，堪称明朝开国时期的"陪都"，后人将严州的战略地位提高到开国奠基的高度来认识，

① 孟森：《明清史讲义》。

建德梅城古镇老宅

民国梅花城局部

20世纪梅城镇老城区图

第二章 严州府和梅花城：州府的"姓氏"和州城的造型

有了这样的"资本",严州才取得了建梅花城的资格。

说到严州在明朝的重要性,不能不提到一个人——明朝的开国元勋李文忠。

在明朝开国功臣中,李文忠的战功和地位仅次于大元帅徐达和大将常遇春,位列第三,被封为曹国公,死后又追封岐阳王,其墓地的规模和气派甚至超过了中山王徐达。

李文忠(1339—1384),幼名保儿,淮安路盱眙(今江苏盱眙)人,是朱元璋的外甥。在他十二岁时,母亲就去世了,父亲李贞带着他在乱军中寻找舅舅朱元璋,辗转颠沛两年多才在滁阳(今安徽滁州)军中找到朱元璋。

梅城福运门
任渊绘

朱元璋见到保儿，十分高兴，把他当成自己的儿子一样来培养，赐其姓朱，取名文忠。让其读书识字，练习武艺。文忠很聪明，一学就会。十九岁时，他以舍人的职务率领近卫部队，在皖南作战，所战必胜，"骁勇冠诸将"，接连打下了石埭、太平、旌德各县，并由徽州攻入浙西，败苗军于於潜、昌化，进攻淳安，夜袭元兵，收降其众一千余人。因为战功卓著，被封为帐前左副都指挥兼领元帅府事。

至元十八年（1358）三月，李文忠会合邓愈、胡大海兵取建德路（即严州府），元守将闻风而逃，父老何良辅率众开门迎接。李文忠将建德路改为建安府，不久又恢复了严州府的旧称。

拿下严州不到两个月，即有苗兵由乌龙岭和下游富春江来攻。文忠率兵击败乌龙岭之兵，并将敌兵的首级用木筏从江中放下去，下游之兵见了，不敢来攻打，只能收兵逃遁。接着李文忠又率兵攻克浦江，严禁部下掳掠，不犯百姓。义门郑氏为浦江大族，避兵山中，文忠派人招他们回来，并派兵护送，百姓们欢呼大悦，民心归顺。

第二年三月，张士诚派兵来犯，围东门，文忠率兵从小北门绕过鲍婆岭，出碧溪坞从背后杀出，内外夹攻，大破张士诚兵。五月，张士诚兵又来进犯，文忠派遣部将何世明率领精兵，翻过乌龙岭，绕出胥口至大浪滩，向上夹攻，大败张军，乘胜追击，攻克了下游的分水县。又击败盘踞在三溪的张士诚兵，斩其将陆元帅，焚毁其营盘。从此之后，张士诚再也不敢来攻打严州了。

至正二十二年（1362）二月，金华守将胡大海被叛军杀害，处州守将耿再成也被害。文忠闻讯，急遣部将率兵平叛，叛军闻风逃走，文忠亲赴金华，安抚百姓，

仙境梅城

稳定了局面。三月，朱元璋下令设置浙江行省，封李文忠为浙江行省左丞，总制严、衢、信、处、诸全（今浙江诸暨）军马，是年，李文忠年方二十四岁，已成为独当一面的方面军统帅了。第二年二月，为了方便作战，行省移治严州。从此，李文忠在严州指挥两浙军事，谋划有方，取得了一个又一个的胜利。战斗中李文忠必身先士卒，冲锋陷阵。张士诚兵二十万驻新城（今浙江新登），准备进犯严州。文忠兵少，有人建议待大军来了再决战，但文忠认为"兵在谋不在众"，分兵三路，亲率中军攻敌中坚，"纵骑驰突，所向皆披靡"，敌兵大溃，斩获甚多。

至正二十六年（1366）秋，朱元璋准备伐吴，命令李文忠攻击杭州，以牵制其兵力。文忠顺流而下，很快攻克桐庐、新登、富阳、余杭，杭州守将潘元明乃张士诚女婿，献城投降。文忠进城时，潘元明以女乐迎候，被文忠斥退，并命大军屯于城外，下令："擅入民居者死。"

新建梅花城

城中秩序井然。得兵三万、粮二十万石。晋封荣禄大夫、浙江行省平章事，复姓李氏。

李文忠在严州的这段战事，后来被大作家施耐庵写入《水浒传》之中，化成了"宋公明大战乌龙岭""乌龙岭神助宋公明"的精彩文字，经过《水浒传》的传播和说书人的渲染，在民间广为流传。

朱元璋登基后，建国号明，年号为洪武。洪武初年，李文忠与徐达分道北征，扫荡元兵残余势力，擒获元皇室诸王将相后妃多人，得宋元图册珍宝，献捷京师。朱元璋登奉天门接受朝贺，大封功臣。李文忠功劳最大，封荣禄大夫、右柱国、大都督府左都督，拜曹国公，配享太庙、功臣庙，位皆列第三，在徐达、常遇春之后，为明朝开国元勋之一。

李文忠为朱元璋经略东南，稳固后方，发挥了重要的作用，严州的地位也由此突显。终有明一代，严州均位列全省第二，可见朝廷对其重视的程度。

李文忠十九岁从军，四十三岁时还率兵平定洮州十八番之叛，戎马生涯二十余年，在严州的九年，正是他年少气锐、建功立业之时，也是从一个不知名的少年将军，历经战争，成长为一位年轻统帅的时期。严州九年，对于李文忠来说，无疑是他一生中辉煌的一段。

李文忠对严州最大的贡献是重建了严州城。根据时代的发展和形势的需要，李文忠对严州城的格局做了重大的调整，使之更符合易守难攻的军事要求。据明《弘治严州府志》记载，新筑的府城"西北移入正东三百五十步，正北移入正南八十五步，正东移出一百六十步。周回八里二十三步六分，高二丈四尺，阔二丈五尺"。整个城池面积约合1.02平方公里，设城门五座："东曰兴仁，西曰和义，南曰澄清，北曰拱辰，西北曰武定。各覆以城楼，门首仍筑月城以护之。惟拱辰门俯山不设月城。"[1]封闭了小北门——柏顺门，小南门——安流门，以及西南的善利门，从南宋时的八门缩减到五门。元代未见有修城的记录，因此李文忠所建严州城的城池格局一直保留至今，这从古镇梅城的框架布局与《弘治严州府志》所载舆图完全一致可以证实。略有不同的是，明朝末年，因水运发达，重开了小南门，以方便商贾物流的交往，清初又被堵塞，至清道光间才重新开通，改名福运门，以象征财运福星之利。原东门的月城（瓮城）偏向东南，是否寄寓镇定东南之意，不得而知，但未必如道光元年（1821）改为东向时所说的"坐生迎旺"，改东门的理由纯从八卦风水着眼，全未涉及百姓日用，说得太玄乎，反不如当年李文忠门朝东南，迎三江交汇之水来得有气势。

---

[1] 〔明〕李德恢：《弘治严州府志》卷五。

李文忠建梅花城之说，虽无直接的史料记载，但清代严州计楠有"昔者藩王封此邑，梅花为雉石为堞"[①]的诗句；而明末严州人柴挺然所作《建城记》中有"国初为元勋赐沐地，故其制特以百雉雄"之说，可以证明计楠之说是有确指的。南北二京的梅花城设计思想的提出者是刘伯温，刘伯温与李文忠交往密切，对其多有指点，严州梅花城是在刘伯温指导下，由李文忠主持修建而成的。

① 〔清〕计楠：《严州行》。

"薪桂取于严"：从钱塘江海塘的"塘柴"说开去

明王士性《广志绎》："杭城诚美观，第严之薪，湖之米，聚诸城外。"

2015年12月，在杭州市萧山区塘湾村北海塘遗址发现了一处宋元时代的柴塘遗址。柴塘是用柴、土一层层相间铺垫压实而成的一种海岸防护工程，成本低廉，经济实用，早在汉代时，黄河河工就已经采用这种方法来堵塞缺口，在海塘上采用这种技术则是在北宋时期的杭州。筑柴塘用的柴称为"塘柴"，来自钱塘江上游地区的严州。

严州八山一水一分田，境内绝大部分是山地丘陵，由于气候温和，雨量充沛，盛产木材、毛竹、茶叶、桐油、生漆、松杂柴、白炭等山林产品，是严州山农的主要收入来源，"做塘柴"只是其中的一种。俗话说"开门七件事，柴米油盐酱醋茶"，严州所产就占了两件，可见严州在传统生活中的重要性。

"养茶摘蕊新春后，种橘收包小雪前。"[①]据陆羽《茶经》记载，早在唐代，睦州就已是当时八大茶区之一，茶叶也成为睦州向朝廷上交的贡品——"睦州新定郡土贡：文绫、簟、白石英、银花、细茶"[②]。细茶就是细嫩的芽茶，古代有"细欺雀舌"的成语，说的就是细茶。陆游严州诗中有"石鼎闲烹似爪茶"之句，延至近代，

① 〔宋〕梅尧臣：《送余少卿知睦州》。
② 〔宋〕宋祁、欧阳修等：《新唐书·地理志五》。

严州又出现了苞茶,"似爪茶"和苞茶其实都是细茶。

严州是著名的酒乡,早在宋朝,严州产的"潇洒泉"就已经被列为朝廷的贡品。严东关致中和五加皮酒与绍兴黄酒并列为浙江的两大名酒,为严州争得不少荣誉。

"催花初过社公雨,对酒喜烹溪友鱼。"[1]严州山水之乡,盛产各种鱼,其中最有名的当推鲥鱼和子陵鱼。

富春江鲥鱼产于严州城下游的七里泷中,乃天下名产。鲥鱼是淡水和海水两水鱼类,每年农历五月初,由海中洄游至七里泷浅滩中产卵,产卵后母鱼即游回大海,鱼卵则要孵化成鱼后才游回大海成长。因每年按时来往,所以名之曰"鲥鱼"。鲥鱼肉味鲜美,食时不用去鳞,因鱼鳞充满油脂,鲜嫩可食也。旧时,每年渔家打得的第一尾鲥鱼都要献给地方长官,以讨取奖赏。"杭州鲥初出时,豪贵争以饷遗,价甚贵,寒窭不得食也。凡宾筵,鱼例处后,独鲥先登。"[2]一般宴席,鱼照例是最后上的,以示有"余"之意,但鲥时却是例外,它可以"先登",因为鲥鱼实在太名贵了。

鲥鱼不独产于富春江,长江、珠江中也有,但富春江鲥鱼肉味最好,远胜其他地方的鲥鱼。富春江鲥鱼还有一点与众不同,那就是它的下颌有一红点,而其他地方的鲥鱼是没有的。关于这个红点的来历,当地有一个有趣的传说。据说东洋大海游来的鲥鱼经过严子陵钓台时,都要向严先生朝拜,先生则以朱笔点之,有似公房中之点名签到,以证明已经拜过严先生了。如无红点者,回到东洋大海,是要被东海龙王斩首的。

子陵鱼因产于七里泷中而以严子陵命名,其形细如针,每年夏季成群洄溯至浅滩聚集,沿江农民于浅滩中

[1] 〔宋〕陆游:《社日小饮》。
[2] 〔清〕陆浩:《冷庐杂识》。

铺设夏布,夏布头上垫以竹帘加以诱捕,产量极丰,有时一天可以捕得一担。子陵鱼可以鲜食,也可以晒干,味道鲜美,以竹筒贮装,大量外销,乃严州名产。以子陵鱼干下五加皮酒,乃严州一绝,至今老辈人提起来仍然是口颊生香,余味不绝。

据明代《万历严州府志》,严州"据浙江之上游,当瓯歙之逵道",是钱塘江中游重要的商埠。上游徽、衢、婺、处等州的山林产品和下游杭、嘉、湖的粮、盐、布匹,都要通过这里运输集散。物流东西,贾客上下,极其繁忙。

严州的繁荣大约从北宋后期开始,此前尚是一处偏远州郡,十分冷落荒凉。晚唐时大诗人杜牧出任睦州刺史时,所见到的州城是"万山环合,才千余家,夜有哭鸟,昼有毒雾"①的一片萧索景象。《睦州四韵》是杜牧名篇,也是写睦州的名作,其中"有家皆掩映,无处不潺湲""好树鸣幽鸟,晴楼入野烟"二联历来脍炙人口,然而一个"幽",一个"野",却透露出了山城的冷落和寂寞。

北宋初期严州仍是一个安置贬谪官员的偏远州郡,范仲淹在《新定感兴五首》诗中说:"稀逢贤太守,多是谪官来。"他写下了《潇洒桐庐郡十绝》,用以描述睦州的山水风光,也借以抒发遭受政治打击的郁闷心情,"乌龙山霭中""日日面青山"等景色,丝毫看不出商埠的影子。但到了仁宗后期,情况就有了变化。张伯玉二任睦州(前任通判,后任知州)时,这里已经是"千家楼阁丽朝晖"的一派繁华景象了。

到了南宋,严州的发展进入了一个高峰期。

南宋定都临安,杭州成为政治中心,经济重心也随之南移,江南的开发步伐逐渐加快。严州高踞临安上游,

① 〔唐〕杜牧:《祭周相公文》。

成为"京畿之地",进出朝廷的官员,供应京城的物资,以及奔赴京城读书赶考的学生举子,从事商贸活动的生意人,无不要经过严州这个三江大码头,人流、物流之繁忙可想而知。据刻印于南宋的《淳熙严州图经》记载,严州坊巷辏密,有关金融商贸的管理机构就有东津税务、都商税务和神泉监等,城中甚至修建了招商神祠。"轲峨商客舳,嘈囋酒家楼"[1],"隔江三千家,一抹烟霭间"[2],严州隐隐然已成为一个"江左繁雄郡"了。

南宋范成大《骖鸾录》有一则当时严州设卡收税的记录:

>(严州)浮桥之禁甚严,歙浦杉排,毕集桥下,要而重征之,商旅大困,有濡滞数月不得过者……休宁山中宜杉,土人稀作田,多以种杉为业。杉又易生之物,故取之难穷。出山时价极贱,抵郡已抽解不赀,比及严,则所征数百倍。

宋高宗时,严州知州樊光远还就上交"御炉"木炭之事写过《严州收买御炉木炭事奏》一文:

>本州依例收买今年御炉木炭五千四百五十秤,颗块炭二千秤,均下诸县计置发。

严州还是宋代重要的铸钱之地。据《宋史》记载,宋神宗熙宁七年(1074),在严州置神泉监。监与府平级,都为中央直属机构,首长称监当官,掌管茶、盐、酒、税务与冶铸事务,属国家财赋,对任职者的品行要求很高,凡犯过贪赃罪与徒罪的官员皆不能充任。神泉监设在望云门(东门)外。铸钱之铜取自婺州永康铜山场,后改取信州铅山县(今属江西),岁铸钱15万缗。北宋末年,时局动乱,基层州县民生凋敝,已经无力铸

[1] 〔宋〕陆游《郡斋偶书》。
[2] 〔宋〕方回《八月十五日二十日两至南山饮潇洒亭》。

钱了。南宋宁宗庆元三年（1197），又恢复神泉监，所铸之钱"直输行在（临安）"。而其他几处（"建、韶、饶、赣"等州）所铸之钱都是"自产自销"，唯严州所铸钱币直送首都，供朝廷及在朝官吏使用，可知神泉监铸钱质量精良，为官方所认可。徽宗崇宁年间，神泉监还铸过当十大钱，后又铸过当五、当三大钱（当十、当五、当三是古钱币专用名词，指古代钱币面额的一种制式），铭文为"圣宋通宝"；庆元三年（1197）"复神泉监"后所铸之钱为"当三大钱，隶工部"。

仁宗嘉祐年间，睦州知州赵抃的弟弟赵拚任睦州神泉监监当官，因政绩突出，任满后得到补官升迁，哥哥赵抃特写《送五弟得替补阙》一诗祝贺：

三载神泉绩大成，交章使者荐能名。
朝廷方且求人切，未可图闲学老兄。

明代，科学技术进一步发展，生产力得到了显著的提高，随着玉米和薯类（番薯、马铃薯）等山地作物从海外传入，钱塘江山区的开放进一步加快，人口增加，对外交往的物产更加丰富，严州城下，"千车辚辚，百帆隐隐，日过其前"[①]，已经是十分繁忙的江南大埠了。徽商崛起于皖南，新安江是徽商出行的水上长廊，严州成为徽商出行的第一个大码头，这进一步刺激和推动了严州的发展。严州成为杭州供应山货的重要产地和集中转运地。明代地理学家王士性在《广志绎》一书中论及杭州百货之供时曾经说道：

杭州省会，百货所聚。其余各郡邑所出，则湖之丝，嘉之绢，绍之茶之酒，宁之海错，处之磁（瓷），严之漆，衢之橘，温之漆器，金之酒，皆以地得名。

① 〔明〕程珌《富春驿记》。

又说：

> 杭城诚美观，第严之薪，湖之米，聚诸城外……杭城中米珠取于湖，薪桂取于严。

梅城下游的七里泷，两岸多石山，盛产杂木薪炭林，每年有许多处州山区的刀工来此伐薪烧炭，以苦力换取血汗钱，但往往遭工头、东家的克扣，引起刀工们的反抗。刀工们大都年轻力壮，但缺少文化，多为文盲，常常被当地的土豪劣绅利用来充当宗族间、村落间械斗的力量。清末光绪年间，七里泷的刀工又一次因为讨薪发生了暴动，惊动了州县衙门，衙门派兵征剿，强制遣散，官兵误杀了许多良民百姓。这一段时政新闻被清末小说家李伯元写进了名著《官场现形记》中。

由于水运繁忙，严州的造船业和商业、服务业也随之兴起。造船业主要是手工劳动（包括船舱内的装修，

富春江七里扬帆

撑船工具如篙、橹及牵引的绳索、避雨的棕衣等用具的制作），劳动强度大，有一定的技艺要求，从事这一行业的多为金华府义乌、东阳、永康等县的手艺人。城中商店也多为外来商帮经营，且有大致的分工：宁波帮经营南北货，绍兴帮经营日用杂货，徽帮业盐及典当，最有实力。另外还有江西帮、龙游帮等，但实力都无法与以上三帮抗衡。清末民初，严州城内著名的商号有其昌酱园、胡亨茂杂货店、孙春阳南货店、陈大昌米店、九德堂药店等。另外茶庄、炭行、轿行、油坊、染坊（印花作坊）、糖坊、布庄、蜡烛淘（香烛纸马店）、烟店、灯笼店、雨伞店、成衣店（裁缝铺）、碗店（陶瓷店）等，各类店铺林立，其中糖坊、米店多为义乌人所开。商帮们各自结成同乡会并集资建造会馆，规模较大的有徽州会馆、江西会馆、金华会馆、宁波会馆、绍兴会馆等。

第三章

「水香而善，其地可居」：
严州的山水为什么「养人」

山源：逃难者的乐土

要了解严州，研究严州的历史和文化，不能不深入剖析、研究源文化。

1. 严州文化的细胞——山源

严州位于钱塘江上游，钱塘江发源于皖南，流经浙西，整个流域均在崇山峻岭之中，涓涓细流在千山万壑中流淌，汇成较大的山溪，最后都注入钱塘江。勤劳的山民们沿溪而居，开辟草莱，引水浇灌，形成一个个聚居的山村。散落在溪边的山村，有如被山溪穿起来的一颗颗珍珠，闪烁着历史的光芒。

皖南、浙西一带，将这种有人沿水而居的山坳称为"源"，类似于西北黄土高原上的"塬"，严州方言谓之"源里""源道"或"源道里"。辞书中释源为"水源起头的地方"，并没有住人的意义，因而新安江流域所称的源，应是方言中对源的本义的引申。源字的这一用法在皖南和浙西严州一带有着久远的历史，著名者如唐末诗人方干隐居的桐庐白云源，陈硕真起义的淳安梓桐源，方腊起义的帮源，建德则有大洲源、莲花源、长宁源、下包源、大坑源等，还有径直以源作为地名的，如三都的前源、更楼的桐子源等等。

水随坳而走，人逐水而居。一条山溪往往形成一个

"源道"。山溪有长短，源也就有深浅长短之分。深者可达三四十公里甚至更长，浅者也有二三十公里。源中还有更小的山垅岔道，曰坞，一条源常常有数十个坞，大抵深者曰源，浅者曰坞。"十里不同风，百里不同俗。"每一条源都有自己认同的文化习俗（包括语言及生活、生产习俗等），尽管区别很小，但毕竟有不同之处，并非同一的"克隆"之物。

山源也是山越先民们开垦荒山、改造环境的结果。据史书记载，山越是越民族的一个分支，分布在古扬州境内的会稽、吴郡、丹阳、豫章、庐陵、新都、鄱阳等郡，相当于今长江以南的闽浙赣皖苏等省交界的山区丛林地带，新都郡位于钱塘江上游，正是山越分布之地。三国时，吴国曾先后派遣大将诸葛恪、钟离牧、黄盖、贺齐等率军征讨山越。淳安旧县城名贺城镇，并建有贺老爷庙，这个"贺老爷"正是平定新都的东吴大将贺齐。

数不清的源组成了钱塘江流域的支流网络，犹如人体的大小神经和血管一般覆盖着整个流域，源源不断地往干流钱塘江输送养料。从源道里产生的"源文化"，是构成钱塘江文化的细胞和基础。

2. 山、水和源

山是源的命根，水是源的血脉。钱塘江地处亚热带，气候温和，雨量充沛，绿色的群山是天然的蓄水器，保证了绿水万古长流。几千年来，山民们靠山吃山，养山护山，每个村都有护林封山的石碑，在民间宗谱中也不乏这方面的记载。爱护山林是山民们的自觉行动。

源中山多田少，山民多从事山林生产，春夏植树采茶，秋冬伐木狩猎。除了溪边和山坞里有少许小块粮田外，

李可染《家家都在画屏中》

大多垦山种粮，平常主食以玉米、番薯等山地杂粮为主，难得吃到白米饭，世代传唱着"吃的苞萝糊，走的山头路，三餐烂腌菜，你说苦不苦？"的民谣。

山民们常用的农具斧头在古代称作戉。《说文·戉部》："戉，斧也。"而越族正是因为善于用戉而得名。戉先是用于生产，后来用作祭祀，成为祭司手中的祭祀用品。长老和酋长执斧戉以象征权威，故称男性长者为"父"，父与斧音义皆同。戉又是作战的武器，被写作"钺"，斧和钺常常连称。夏商周三代，钺被王者视为权威象征。《司马法》云："夏执玄钺，殷（商）执白钺，周左杖黄钺，右秉白旄。"《尚书·牧誓》中还有以黄钺斩纣王头的记载。

山民们常用的生产工具斧头竟与古老的历史息息相关。

源中的运输主要依赖山溪，春夏水涨，是外运山货的好季节，杉木、毛竹多扎排放出，箍柴则放在排上一起外运；松段和松柴也可放散段，叫作"放鸭"，沿途派人守候，遇到堆积之处即捅开。下游入江处用木架做好"游筛"，拦住漂到的松段或松柴，捞上溪滩，重新装船或装车外运。有些山货如茶叶、木炭不能水运，就只能靠肩挑或独轮车了。独轮车采用山中所产的硬木做成，十分坚固，可承载千斤重物，是山源中的"木牛流马"。每个村子都有推独轮车的"专业户"，这些人不仅力气大，且有平衡车子的技巧。源中还有专做独轮车的匠人，和专做风车、水车、水碓的匠人一样，都是独门手艺。

山源的入江处往往是一个较大的集镇，这里既是山源物资的集散地，又是航船停靠的埠头，本地物资通过这里运往四面八方，外来物资又通过这里散入源中千家万户。这里是源中村人聚会及与外地客商交易的场所，是源文化的展示窗口。

3. 源中村落

对源道的开发，除了山越先民外，还有大量外地迁入的居民。中国历史上战乱多而和平少，人口迁徙频繁，大规模的迁徙有三次，一在西晋末年，一在唐代末年，一在北宋末年，都是由于中原战乱而向南迁徙。随着大量人口的南迁，中原地区先进的科学技术和学术文化也带到了江南，加速了江南地区的开发。根据现有的地方史料记载，迁徙至严州的人口最早可追溯至一千多年前的汉代，其后历代多有人口从不同方向流入，最近的一次是太平天国时期，从江西、安徽和浙东南的台州、温州迁入不少。历经千百年的共同生活，这些移民早已本土化了，但是许多家庭仍然保留着始迁地的方言和习俗，以示"离祖不离腔"，有认根溯源之意。

"山越组织，以宗族为基础，故云'合宗起'。"① 这与汉族地区相同（至宋代，山越已与汉族同化，但其文化传承尚有残存）。源中村落，大抵聚族而居，一村一姓，客姓很少（近代迁入之山民多居源中之山坞内），如三都洋峨之洪姓、里钱之钱姓、里陈之陈姓、下涯唐村之唐姓等等。这从一些冠以姓氏的村名中也可以看出来，如大洲源中的潘村、许村、金村，大洋源中的里黄、里张、胡店、徐店；洋溪源中的双蔡、伊村等等，不胜枚举。由于历史变迁，聚居的大姓也有盛衰变化，如大洲洪村多姓方而无洪姓，大洋杨村多姓鲁而无杨姓，等等。

源道幽深而曲折，溪流绕山而走，山峦沿溪逶迤，林木森森，山溪清澈，一座座古老的村庄点缀在溪流两旁，"绿树村边合，青山郭外斜"，风轻云淡，柳暗花明，竹篱茅舍，古道萦回，犬吠村头，鸡鸣树巅，一派祥和恬静的气氛，觉时光之凝止，叹美景之难逢。

一条源有一条源的不同景色，旧时城里人常常将入源避暑作为消夏的节目。源中人淳朴厚实，十分好客，从无势利之色，是故伍子胥、朱买臣多往源中避难，且能在难中安居读书，足见山源民风之淳厚。

源中村落布局多沿河向阳，以方便取水和采光，由于平地少，房屋多沿山而建，并巧妙地将楼门与山坡通连，以方便出入。源中村落的另一个特点是注意隐蔽。有些村庄建在山坞之内，口窄而坞广，村口又有巨大的水口树隐蔽，外人很难察觉，大有五柳先生描绘的桃花源"初极狭，才通人，复行数十步，豁然开朗"之妙。个中也

---

① 叶国庆：《三国时山越分布之地域》。

可窥见数千年封建社会战乱频繁，人民渴望安居乐业的深层心态。

4. 源中民居

源中民居多为泥木结构，木框屋架，舂土成墙，多盖土瓦，穷苦人家只能以茅草盖顶，甚至有以石片为瓦盖顶者。房屋一般为两层楼，单层或三层的比较少见，一字三间或加一弄（楼梯弄，也有加两弄者）。正屋前半三间相通，以备婚丧喜事摆酒请客之用，中间为客厅（也有后部留一弄做小间或放置楼梯者）；两厢后半间为卧室（也有一厢做厨房的）。正屋之外，多带灶披间，以作厨房或柴棚、猪栏之用。聚族而居的大村子里，有很多古老的多重进或带天井的老屋，但开间也只有三间，只是增加进数而已。有一个天井的，也有两个天井的。山墙高出屋面，以隔断风路和火路，用以防火，称作"风火墙"。

山民们建屋择基的标准主要是向阳和近水，以方便生活。殷实之户则要请风水先生带上罗盘选择一番，主要是观察四围的山水环境，而尤重大门的朝向，因为"宅之吉凶全在大门……宅之受气于门，犹人之受气于口也。"[①]如果正对大门的方位有"凶物"，就要改变大门的朝向角度或者另做一个假门，以避凶趋吉。

村中最宏丽的建筑首推宗祠，因为宗祠是全宗族或某一分支成员共同拥有的建筑，具有重要的社会意义；同时，它又是敬奉安放祖宗神主牌位的地方，为祖先魂魄依归之所，对于本宗族（或其分支）来说具有神圣的意义。所以，与普通民居相比，宗祠更高大、更宽敞。由于是宗族成员举行祭祖仪式的场所，因而显示出崇高和神秘的感觉，使人们产生肃穆、敬畏之情。

[①] 〔清〕高见南：《相宅经纂》卷一。

翙岗老街

宗祠内大多建有戏台，是村中演戏聚会的地方。然而宗祠最主要的功能是体现家庭的封建族权。凡宗族中有大事——族人中举做官或违犯族规，都要在此举行宗族会议，俗称"开祠堂门"，以便讨论决定并付诸实施，或举行庆典，或施行训诫，甚至动用私刑，这种情况直到中华人民共和国建立才告结束。

5. 山源——逃难者的乐土，乱世中的仙境

千百年来，山源交通闭塞，与外界很少往来，山民们耕织自给，过着典型的小农生活，他们求助于外界的东西不多，因而也较少受外界的影响。正是这种超稳定的自给自足生活，使得山源免除了许多战乱之苦，成为乱世中的人间仙境。

中国古典文学作品中不知有多少感叹社会动乱、身世飘摇、生命无常的作品，这些用血和泪写成的作品引

新安江畔的小山村　任渭绘

起了一代又一代人的共鸣而成为传世的名作，《诗经·黍离》之篇，蔡琰《悲愤》之诗，鲍照《芜城》之赋，杜甫《羌村》之作，唐宋传奇，元明戏曲，明清小说之中更多骨肉离散之苦、夫妻重圆之欢的作品，读来催人泪下。"宁作太平犬，不作乱离人！"这是何等沉痛的呼喊，深刻说明了人们对和平安宁生活的向往和追求。野人怀土，小草恋山；穷家难舍，故土难离。中国是个农业社会，人们依恋家园，安土重迁，不是万不得已，性命攸关，谁肯割舍家园呀！可是尘海茫茫，哪里又是安身之处？于是，人们不约而同地把目光投向了交通闭塞、兵戈难至的山源。皖南和浙西的许多巨姓大族都于战乱之际从中原避乱南迁而来，这就是最好的证明。

新安江流域特多逃难者的传说，这也与山源闭塞稳定的环境有关。远的如春秋时楚国的伍子胥，逃难奔吴，途经建德，竟会歇下脚来，在此躬耕陇亩，察访民情，生活了较长的一段时间后，才奔往吴国，留下了胥岭、胥溪、胥村、胥口等许多地名。①如果没有一个安定祥和的环境，逃难中的伍子胥是决不会也不敢在这里停留的，更不用说居留于此了。相传胥村（即今乾潭镇）宋时曾设驿站，称"胥村驿"，为严州北乡要道。伍子胥在建德的事迹虽然正史无载，但"礼失而求诸野"，地名中蕴含着十分丰富的历史文化信息。再如汉初的朱买臣，因避吴楚"七国之乱"从故乡吴国国都（今苏州市）逃难到了建德，"挹下涯水饮之"，觉得这里的自然环境和人文环境都很好，适合居住。于是来到大周（今名大洲）村，搭了一间茅棚屋安下身来。后来因为不做官了，就在下涯成了家，盖了房子，专心读书。还挖了一个小池塘用来清洗砚瓦，后人称这个小池为朱池。因为这个地方招来了朱买臣这样的大贤，所以就将这里叫作招贤里，桥也叫作招贤桥了。朱池村、朱池岭和招贤桥、招贤里等古地名至今犹存。

其中，朱池村即在今320国道旁，原属洋溪镇，分上朱池和下朱池，各有一座形式相同的朱太守祠，坐北朝南，祠前立有"古朱池"石碑。朱池岭在大洲村后的山上，大洲村中也有朱太守祠。招贤桥在大洲村口，现已废圮不可考，招贤里应指今大洲村。②

除了地名和祠堂外，今莲花源的源口幽径（洪坑）村还有朱买臣墓（据说幽径这个地名还是朱买臣取的），墓前有碑，正中书"汉右相朱公讳买臣之墓"，右书"大明万历十一年岁在阳月某日"，左边落款为"赐进士知建德事华亭俞汝为立"。

在交通不发达的农业社会，山源成为人们理想的庇护之所。山民们与世无争，过着"不知有汉，无论魏晋"的与世隔绝的生活，"躲进山源成一统，管他春夏与秋冬！"据檀村镇赤姑坪村《赤姑叶氏宗谱》记载，叶氏

---

① 伍子胥翻越过的胥岭就在大洲东北的下包乡，与桐庐相邻，这一段应是古时的官道（大路），东北可通富阳、杭州，西去淳安、安徽，南可通金衢闽赣，因而成为其逃难的路线了。
② 据《淳熙严州图经》的记载，朱买臣"挹下涯水"应是大洲村口的山溪水，而决非如今下涯桥头的水。

第三章 "水香而善，其地可居"：严州的山水为什么"养人"

上：新安江风光　下：严先生祠堂

先祖先是从杭州迁到上游睦州，又从睦州城迁到大慈岩山后五里坞源中的小山坞赤姑坪，这是一个连盗贼都难以发现的地方。从闹市迁往农村，隐居于与世隔绝的高山冷坞，这在今人看来很难理解，但如果联系到迁徙时正是唐末至五代战乱时期这一历史背景，就会理解他们一再迁徙最后隐居山源，实在只是"苟全性命于乱世"而已。至于诸葛亮后裔隐居翠溪源，李频的先祖隐居长汀源，范仲淹后裔隐居大洋源，无不说明山源实在是乱世中的人间仙境。元人于石写过一首《小石塘源》的长诗，对源中山民的生活和心态有着出色的描写："十年未返业，几人失耕桑。而此源中民，熙然独徜徉……昼无悍吏恐，夜无群盗狂。"为我们画出了一幅源中人无忧无虑的美好画图。山民们虽然过着"地炉老瓦盆，竹几素木床"的朴素生活，但因无战乱之灾、流离之苦，故而"安贫即乐土"，非常满足了。回想至今并不遥远的抗战期间，城里人乃至外地人为躲避日本军队，大都跑到源里去。即使不是战争年代的"三年困难时期"，由于山上容易找到果腹的杂粮野菜，源道又成为人们向往的乐土，以至于许多平原地区的姑娘纷纷嫁到了山里，一时间乐坏了源里的后生。

山源成为人间仙境的现象，折射出了许多历史和社会中的深层次东西，个中缘由，很值得人们去研究和总结。

6. 围炉夜话——源中人的夜生活

火塘间是源中民居最有特色的地方，也是最热闹的地方。火塘间一般设在披屋中，与厨房连在一起，里半间做厨房，外半间设火塘，但用板隔开以保暖，形成一个单独的空间。除了留门以供出入以外，一圈皆为宽大的板凳——有如古代的榻，上面可以躺人睡觉，中间用砖头和泥巴砌成火塘，火种长年不断（灶膛里的炭火可

建德北坑源茶山　任渊绘

以就近源源不断地添加进来,这也是火塘间和灶间连在一起的原因之一),正中以长铁链悬以水壶——有铁壶也有陶壶,壶中之水常开,塘中之火常热。山源日照短,气温较平原地区要低,冬春之夜更是寒冷,山里人生活穷苦,衣着单薄,常借火御寒,故而火塘间成为家人的聚会之处。早晨起来,眼睛一搓,披上衣服先到火塘间去穿。火塘间又是源中人家的社交场所,邻里来做客都习惯让客人到火塘间去坐,其功能有如城镇之茶楼酒肆。客人一至即围炉取暖,泡茶递烟。茶叶为山中土货,根本不值钱;而烟叶也为自种,尽够用旱烟筒抽的。邻里们围炉夜话,从社会新闻到狐狸精怪,从国家大事到家庭琐事,都是谈话的题材,海阔天空,尽可"海话"一通。由于山民们文化程度较低,信息闭塞,因而一些出过门、见识广或博闻强记会讲"大头天话"的,或会唱山歌的能人便倍受欢迎。在这里,你可以听到古老的民间传说,可以听到吓人的狐鬼故事,以至一些孩子听了回去走夜路都害怕,还可以领略到民间歌手的粗犷歌喉。火塘间,是源中人文化生活的交汇处,更是了解社情民意和文化采风的理想之处。

旧时源中文化生活十分贫乏,极少有戏看,一般要等十年一次的"出会"(即庙会)才请得起戏班子做戏,更谈不上电影电视了。冬日农闲,长夜难消,为了排遣寂寞,不识字的山民们会凑些银钱去山外请说书先生来"讲大书"(即评话),饭由各家轮流派,讲书常在温暖的火塘间里进行,小小的火塘间挤满了来听书的左邻右舍、亲戚朋友,最好的位置一般都为长辈或外来的客人留着。人们围着熊熊的炭火,一边喝着香浓滚烫的酽茶,嗑着山区产的南瓜子或葵花籽,一边欣赏说书先生的精彩表演——讲的大都是《粉妆楼》或《薛仁贵征东》《薛丁山征西》一类的旧书。殷勤的主人不断地为大家续水泡茶,气氛温馨而浓烈,其乐也融融矣。

7. 出会和社戏——山源的文化艺术节

旧时农村谈不上什么文化生活,偏僻的山源更是如此,因而十年一次的"出会"无疑是山民们最大的文化盛节。

"出会"就是庙会,包括庙宇修整、菩萨开光及演社戏等,而演戏无疑是"出会"的高潮。"出会"需要一大笔开销,这笔开销从哪里"出数"呢?好在庙宇一般都有庙产——山林。将山上的木头"判"①给木客即可获一笔收入,"出会"十年一次,松树足可砍伐了。各村"出会"的年份不统一,可以互补,因而年年都可以"赶会",有戏看。"赶会"最多的当数做生意的小摊贩和赌博鬼,因为这是他们的衣食所在,至于一般乡下山民,大都不过赶赶邻村的会而已——且都是应亲朋之邀而去

---

① 判,严州方言,估值交易的意思。买卖双方必须签立合同文书。

第三章 "水香而善，其地可居"：严州的山水为什么"养人"

上：戏台　下：观戏　胡建文摄

的。当然，青年男女也是"赶会"的主力，他们借此可以相会，谈情说爱，家长们是管不着的。

虽说"出会"的费用由庙里出了，但招待来看戏的客人对各家各户来说却也是个不轻的负担。"出会"前一年甚至几年就得早早地张罗准备，养猪养羊，酿酒磨山粉（大多为番薯粉，是山中主菜蒸肉圆的主要原料）。会戏（或曰社戏）一般有三日三夜、五日五夜之分，更有七日七夜甚至十日十夜的，也有请好几个戏班同时演出的。祠庙中排不下，就在秋收后的稻田里（"出会"基本上在冬季或正月、二月里进行）搭单台演出。因为人多，官府担心出事，有时竟把乡长作为人质押在县里，待庙会结束后再放回家。

演戏一般都在庙宇或祠堂里进行，只有请的班子多了才会搭草台在露天演出，祠堂和庙宇里都建有戏台，戏台都在大门入口处，这和现代的剧场刚好相反，这是为什么呢？据近代学者的研究，戏曲起源于巫术和宗教，原本是用以娱神的，故而神庙中的戏台都必须面对大殿——供神主牌位和菩萨的地方，以方便他们"看戏"。平时拿掉台板，以方便出入，演戏时再铺上作为舞台。

浙西山源的戏班以"金华戏"（婺剧）为主，也有徽班（徽剧）、"三脚班"（睦剧）和目连戏等，后来还有新兴的"的笃班"（越剧）。演出前照例要举行祭祀仪式（如果露天演出则要将菩萨请到台前去），向菩萨和祖宗先人们祈求平安幸福，希望得到他们的保佑。菩萨面前供奉各家抬来的全猪全羊，猪羊们背插金花，口含红橘，放在特制的木架上，供菩萨和先人们享用，祭毕，各自抬回家去，始可动荤。

演出前还要"起五猖"，由五个演员装扮成驱鬼的凶神，头上扎红、黄、蓝、白、黑五彩布，手执琳琅作响的钢叉，折断鸡头，洒过鸡血，绕火堆三圈，始向田野奔去，过一二十分钟后返回，就表示已赶走野鬼了，正式演出方可开始。

抬菩萨也是"出会"的重要内容。把菩萨从庙里请出来，前头十番锣鼓开路，抬着在村里村外游一圈，一路上放独眼铳和大响炮，分馒头，孩子们成群地跟着看热闹。"出会"把男女老少都动员起来了，确实是山源中的文化节日。

8. 草头天子出山源

新安江流域有许多草头天子起义的故事，但都以失败告终，因而这些故事充满着悲壮的色彩。

有一则故事说，一个山源中有一家穷苦农民生下了一个长有异相的孩子，两眼不睁开，只是不停地啼哭，而且哭声十分洪亮，日夜不止，父母十分焦急。这时一个风水先生刚好路过这里，发现这孩子乃是真命天子，他在孩子头上摸了摸，口中念念有词地说了几句什么，孩子就不哭了。孩子的父母十分感激，风水先生对他们说，这孩子的前程不可限量，为了他顺利成长，必须在屋顶上放一只黑狗，以保护他。父母当然照办，将看门的黑狗赶上了茅棚顶。孩子一天天长大，保驾的将军和辅佐的军师骑着三脚马日夜兼程地赶来。只要君臣会合，孩子的眼睛就会睁开，起义就会成功了。谁知有一天，父亲出了门，孩子的娘舅来看望妹妹，一看黑狗上了屋顶，不成体统，就将它赶了下来。他哪里知道这个双眼未睁的孩子就是真命天子，黑狗就是遮挡天子头上毫光的乌云，云头一散开，毫光就会直冲天庭，京里的皇帝立刻就会知道，马上会发兵前来捉拿——这些，风水先生当然知道，但这是天机，而天机不可泄露，于是真命天子的眼睛还没睁开就被杀掉了。这时，将军和军师还在路上拼命地赶路哩，听说真命天子已死，他们也就自杀了。

建德和淳安都有为草头天子剪纸兵的传说。前者说是剪纸娘娘剪的，后者则说是汪公老佛让方腊自己剪的，但都因时辰不足就急于放出去，纸人纸马或因眼睛不曾睁开，或因胎气未足，不是在阵上合着眼睛乱杀一气，就是上阵不久就没了力气，倒在地上，没能起到应有的作用。

这样的故事甚至编到了大名鼎鼎的严子陵头上：说严子陵当年在造梅花城时，是因为看中此地有王气，背靠乌龙之山，口饮三江之水，只要把东湖和西湖都圈进城来，乌龙就活了，真命天子就可以登基了。可是此事被皇帝知道，他下令把西湖隔出城外，断了龙脉；"独目不成龙"，于是乌龙活不起来了，真命天子也就出不来了。

草头天子是百姓们心底崇拜的偶像，透过草头天子的传说可以窥见民间对他们起义气概的崇敬和起义未成的惋惜，甚至在故事中指出他们失败的原因。汪公老佛就认为方腊性子太急，做事总想一步登天，不待时机成熟就仓促动手，终于导致失败，因而有"宋江该早不早，方腊该迟不迟"的说法。

"草头天子"只是严州民间的叫法，其实可以指代一切敢于落草为王反抗官府的绿林好汉，如瓦岗寨的程咬金、王伯当，水泊梁山上的李逵、武松，《连环套》里的窦尔敦等，尽管他们无一例外地以失败告终，但他们的气魄、胆量一直是激励人民反抗强暴的精神源泉。

9. 天子坟和天子基

我常常惊讶家乡有这么多草头天子的故事，这在其他地方是很少见的，这与我们这里真的出现过两个"草头天子"有关，他们是唐朝初年的陈硕真和北宋末年的方腊。

陈硕真是淳安梓桐源人，于唐高宗永徽四年（653）起事，自称"文佳皇帝"，封妹夫章淑胤为仆射、童文宝为大将，攻克了於潜、睦州和桐庐等州县，并派童文宝进攻婺州（金华），"（婺州）刺史崔义玄发兵拒之。民间讹言硕真有神，犯其兵者必灭族，士众凶惧"。司马光的这一段记载十分传神地勾画出了陈硕真在民间的威望，甚至连官兵都不敢与她正面交锋。虽然义军不到半年就被强大的李唐王朝镇压下去，但是，文佳皇帝的名声却已流芳千古。陈硕真称帝比武则天还早 31 年，历史学家翦伯赞称她为"中国历史上第一个女皇帝"。至今淳安尚有天子基、万年楼等地名，都是陈硕真留下的遗迹。

陈硕真的起义行动直接影响了五百年后的方腊起义。

北宋末年，君昏臣佞，朝政十分腐败，对外屈膝求和，每年都要输送大量钱币物资给西夏和辽国，对内却加紧剥削和压迫，人民生活在水深火热之中。严州盛产的严漆和茶叶成为朝廷征收的重点物资，"烝茶割漆"的方腊在漆园聚众誓师，自号圣公，打出了"是法平等，无有高下"的旗号，号召天下受苦人参加起义队伍，扫平天下不平，做一个平等的人。队伍很快发展到几十万人，连克江南六州五十二县，震动了北宋朝廷，朝廷连忙调集大军南下镇压。由于众寡悬殊，方腊起义不过半年就失败了，方腊及其妻、子、大将均被残酷地杀害。

人民的反抗一次又一次地被镇压了下去，领头人惨遭杀害，人们对封建苛政有怒有怨，他们渴望平等与自由，期待着有朝一日能出现体恤百姓的"真命天子"，凭借真命天子的威力除尽压在头上的贪官酷吏，扫尽人间的不平。他们认为，民心才是真正的"天子之基"，是反抗暴政的基础，对敢于反抗皇帝的陈硕真、方腊这样的起义英雄十分钦佩，为他们的失败感到惋惜，对他们的失误也不无批评。到处流传的草头天子的故事和到处都有的天子坟，是民心向背的表现，也是人民追求平等自由的最好证明。

招贤桥和招贤里：
　　水香而善，招来贤人

《淳熙严州图经》卷二《古迹》："吴王濞举兵，民不遑居，公逃难至此，挹下浯水饮之，曰：'水香而善，其地可居。'于是深入大周，得地为蓬荜而居之……因其地招公之来，名其里与桥皆曰'招贤'。"

朱买臣和严子陵都是对严州历史文化影响很大的人，巧的是朱、严二人都是汉朝人：一个生活在西汉前期，一个生活在东汉初年，而且两人皆为"寓贤"——客籍人士。严子陵给严州带来了"姓氏"，朱买臣则在严州留下了朱买臣庙、朱公寺（祠）、朱太守祠以及朱池村、朱池驿、朱池岭、朱池渡、朱池滩、幽径山、招贤桥、招贤里等地名，一直留传至今，影响也很大。朱买臣是一个传奇人物，他的生平事迹不仅载入史册，还在民间广为流传，戏剧舞台、曲艺小说中都有朱买臣的艺术形象。他折节苦读的故事流传极广，在严州更是妇孺皆知，他的事迹甚至被收入传统的启蒙教材《三字经》中："如负薪，如挂角；身虽劳，犹苦卓。""负薪"说的就是朱买臣砍柴苦读的故事。

朱买臣生活在两千多年前的西汉时期，但他的故事代代相传，他刻苦学习、贫贱不移的精神鼓舞着一代代中国人。作为朱买臣的第二故乡，严州应该深入发掘这一宝贵的文化资源，发扬光大，代代传承。

1. 招贤之里

2100多年前,在钱塘江上游的崇山峻岭中,一位年轻的书生随着逃难的人流艰难地向前挪步,不知道哪里是个头。这一年是汉景帝前元三年(前154),吴王刘濞联合楚、赵等七国,以"清君侧"、诛晁错为名,举兵谋反,世称"吴楚七国之乱"。一时间,江南江北,烽火遍地,兵荒马乱,百姓们游离失所,弃家逃难。朱买臣从家乡吴国南逃,一路上翻山越岭,忍饥挨饿,走走停停。

这一天,他沿着山道来到下涯溪畔,觉得浑身乏力,饥渴难忍,不由得停下脚步,放下包着诗书的包袱,下到溪水边,蹲下身去用双手舀起一捧清澈的溪水,喝了一口,觉得水质甘甜,清香爽口。几口山泉下肚,眼睛也亮了,精神也好多了,这才慢慢地站起身来打量一番周围的环境:只见四面青山环抱,山间白云缭绕,清澈的山溪在山谷中潺潺流过,溪流上架着一座简陋的木桥,桥那头的山脚下有几间茅屋,散落的水田里有几个农人在田间劳作。时近中午,农妇们正在往田头送饭。山村中鸡鸣犬吠,炊烟袅袅,恬静而又安宁,来往的村民和蔼可亲,他情不自禁地感叹道:"山清水秀,民风淳厚——真是一个养人的好地方啊!"[①]

于是他继续往山里走,越过一座小石桥,来到一个叫"大周"(今名大洲)的村子,山民们看见来了一个逃难的书生,都十分关心,纷纷围上前来,嘘寒问暖。得知他是从老远的地方逃难过来的,无亲可投,无家可依,就都挽留他在这里住下。热心的村民们七手八脚地帮他在山脚下搭起了两间茅棚,以避挡风雨,从此,这个年轻人就在这里落脚了。

[①]〔宋〕陈公亮《淳熙严州图经》卷二《古迹》:"朱池距城三十里,相传朱买臣逃难至此,把下涯水而饮之,曰:'水香而善,其地可居。'"

这个年轻的逃难书生就是后来做了会稽太守的朱买臣。

朱买臣还担任过中大夫、丞相长史、主爵都尉，位列九卿，是朝中重臣。他学识渊博，为汉武帝讲解《春秋》和《楚辞》，因为解说得精彩，受到了汉武帝的赞许。在平定瓯越、抗击匈奴等大政方针中也都出过不少主意，是中央决策层中的核心人物之一，为西汉一代名臣，他的事迹收在《汉书》卷六四《严朱吾丘主父徐严终王贾传》中，他的姓名在史籍中熠熠生辉。在当时老百姓的心目中，朱买臣是当世之大贤。由于这个小小的山村招来了大贤人，后人就把这里叫作招贤里，他走过的那座小石桥也叫作招贤桥了。[①]招贤里与招贤桥的地名留传至今。

2. 齐卯之坞

在村民们的帮助下，朱买臣在大周村安下身来，乡亲们又给他送来许多吃的和用的东西，好歹总算有个窝了。可是堂堂七尺男儿，终不能老是靠乡亲们接济呀！今后怎么过日子呢？自己是一个读书人，不会什么行当和手艺，靠什么来谋生呢？面对青山绿水，朱买臣发起呆来。忽然，他有主意了：这青山上到处是砍不尽的柴禾，砍来卖了，不是也可以度日么？自己年纪还轻，又是贫苦出身，吃得了苦，出得了力，何愁没有饭吃！主意已定，就去置办了柴刀、柴冲等用具，上山伐薪去了。

为了生计，朱买臣天天上山砍柴，但他并没有忘记读书。白天上山砍了柴禾，挑到市上卖了，买些米粮菜蔬回来，聊以度日。晚上，就依着昏暗的松明灯读书，常常苦读到深夜。就这样，他还觉得读书的时间太少，索性在山上砍柴时也把书卷带上，休息的时候就拿出来看；砍柴、挑担的时候就背诵书中的诗文："坎坎伐檀兮，

① 招贤里的地名最早出现于南宋。见《淳熙严州图经》卷二《乡里》。

置之河之干兮……"伴着丁丁的樵苏声，青山翠谷里传来买臣琅琅的读书声。

上山砍柴十分辛苦，每天天不亮就要出门，等到卖了柴回到家中，浑身的骨头都像散了架。买臣虽说出身贫寒，但砍柴的营生毕竟还是平生第一次，他的手脚磨出了老茧，肩膀也压肿了。但是，只要有书读，朱买臣就觉得内心很充实。书本给了他信念，给了他力量，他沉浸在历代圣贤的教诲和榜样中。古来圣贤大多出身寒微，历尽坎坷，终成大业：秦国大夫百里奚是秦穆公用五张羊皮换来的奴隶；殷代名相傅说原来是负土筑墙的"野人"；齐国名臣宁戚被齐桓公发现前是个"饭牛"（牧牛）的穷汉……孟夫子说过，上天要你承担重任的时候，一定会让你经受艰苦的磨练[①]，年轻时吃点苦算得了什么，只能使人的意志变得更加坚强！他深信，一个人只要有学问，有本事，将来一定会对国家有用。这样一想，再苦再累也不觉得了。他常常一边砍柴一边吟诵；一边挑柴，一边背诵。山道上，溪水边，留下了朱买臣一串串读书的声音，人们见了，不仅不笑话他，反而投去赞许的目光，称他是一个"挑担书生"，相信他今后一定会有出息。

朱买臣总是每天天不亮便上山砍柴，按古时十二个时辰的排列顺序，天亮时应为卯时，人们便把买臣经常去砍柴的地方叫作"齐卯坞"。齐卯者，正当卯时也。

岁月流逝，齐卯坞被当地人叫成了"西木坞"。一条平坦而又曲折的水泥路在山谷间延伸，两旁是郁郁葱葱的青碧山头，清幽而宁静，只有潺潺的流水声相伴，仿佛进入了时光隧道，回到了两千多年前的汉朝。晨光熹微中，一个青年正急匆匆地往山里赶，肩上扛着柴冲，柴冲头上挂着几卷书简。不大一会儿，宁静的山谷中传来清脆的伐薪声和琅琅的读书声……

① 〔战国〕孟轲《孟子·告子下》："天将降大任于斯人也，必先苦其心志，劳其筋骨，饿其体肤，空乏其身……"

3. 幽径之山

"挑担书生"的名声一传十、十传百，传到了隔壁洋溪源一个崔姓老丈的耳朵里。崔老丈薄有田产，为人忠厚善良，乐善好施，能急人之难，深得乡里尊敬。只是老伴已经去世，只留下一女，年已及笄，尚未婚配。崔老想为女儿找一个称心的女婿。听说逃难书生朱买臣如此刻苦耐劳，勤奋好学，十分喜欢。他认定这个青年书生必定有出头之日，便动了念头，想把朱买臣接来家中，招为女婿，供养他读书，今后博得个前程，女儿也好有个依靠。崔老把主意和女儿说了。崔氏姑娘见爹爹把自己许配给一个读书人，心里也很高兴。于是崔老就托人去和朱买臣提亲。

听说有人愿意资助自己读书，而且还以女儿相许，这对于孤身落魄的朱买臣来说，真是天上掉下来的喜讯，别提有多高兴了。他简直不相信这样的好事会让自己碰上。成亲倒在其次，对他诱惑最大的是从此以后不必再上山砍柴，可以有更多的时间来读书了。难得崔老有如此美意，真是如同再生父母一般，买臣心里非常感激。

朱买臣随着媒人来到崔家，崔老一看，买臣相貌堂堂，一表人才，十分欢喜，崔氏姑娘也为自己找到了一个如意郎君而高兴。俗话说"择日不如撞日"，当下就给小两口办了喜事。村坊邻居都来恭贺崔老挑了个好女婿，崔老捋着胡须乐滋滋地看着小两口，笑得合不拢嘴来。

朱买臣高高兴兴地来崔家做了上门女婿，新婚燕尔，十分幸福。但是他并没有沉浸在新婚夫妻的闺房之爱中，而是加倍发奋，刻苦攻读。买臣认为，大丈夫志在天下，当建功立业，不能留恋儿女情长，应该珍惜大好年华，努力攻读，才不致有负于崔老的期望。崔老看在眼里，

山高水长严州府

HANG ZHOU

〔明〕项圣谟《大树风号图》

心中自是十分高兴。为了让买臣专心攻读，特地另建了两间书房，让他读书。买臣每天清晨早起读书，白天足不出户，晚上还常常读到夜深人静时，一时学业大进。

崔老见买臣如此用功，担心他累坏了身体，于是常常在茶余饭后，约买臣出去走走，让他散散心。

崔老家位于一个没有名字的小山村，村口古树参天，奇峰矗立，一道清澈的小溪绕峰而过，溪流潺潺，石径横斜。村落中竹林掩映，古韵盎然，恬静幽雅，十分宜人。买臣觉得这个小山村太美了，就取了一个很文雅的名字——幽径，即曲径通幽之意，因为村坊就在山坡下，所以又称为幽径山，这个村名一直沿用到今天。

日子过得很快，朱买臣在崔家读书已经三年了。三年来，他不用为生活操劳，一心一意读书，学业大有长进。可是，泰极否来，好景不长，这一年，崔老染上重病，卧倒在床。买臣和崔氏夫妻俩日夜侍奉汤药，希望崔老能早日康复，可是药石无灵，崔老的病情日重一日，不见好转。

这一天，崔老自知不起，把夫妻俩叫到病榻跟前，吩咐道："我的病看来是不会好的了，人生百年，终有一死，你们也不必难过。我死后，你们俩要相敬相爱，互相照顾。买臣天资聪明，日后必成大器，要继续攻读，不可懈怠。"他转过脸去对女儿说："我不放心的是你。你自小没娘，我什么都依着你，娇惯成性。今后你要克勤克俭，操持家业，好生侍奉买臣攻读，不可怠慢。买臣是一个仁厚君子，自会善待于你。"崔老吩咐完毕，合上眼睛，死去了。

崔老死后，起初崔氏也能勤劳俭朴，用心操持家务，让丈夫安心读书。可是后来日子长了,她见买臣没有一点生财之道,只会呆头呆脑地读几句死书,就有些厌烦起来,不时在买臣面前唠叨,买臣当没听见,只管读自己的书。这样凑合着过了两年。崔氏本来就不善理家,坐吃山空,崔老留下的一份不大的家业很快吃光用尽,弄得家徒四壁,十分艰难。崔氏一个劲地埋怨买臣不会赚钱,自己命不好,嫁了个书呆子。买臣受不了埋汰,没有法子,只好重新扛起柴冲上山,干起砍柴的旧营生来。有时候,崔氏也跟着买臣上山砍柴,日子过得十分艰难。

买臣本是穷苦出身,流落到此,承蒙崔老的收留,还招为女婿,自是十分感激。现在重新上山,也不见得十分吃苦。但是崔氏从小娇生惯养,是个好日子过惯了的人,耐不得艰苦贫穷,一天到晚,怨天骂地。买臣只当听不见,上山砍柴时依旧带着书去,一边砍柴,一边背诵诗文,挑柴下山,口里也吟咏不止。孩子们好奇地跟在他的身后,学着哼哼,路人们指手画脚地看着他们夫妇俩,交头接耳地说些什么。

买臣不管旁人如何议论,照旧满山满野地背他的诗书,可是崔氏却受不了了。听着旁人的议论,她恨不得钻到地洞里去。她对买臣说:"不要念那几句酸书了,还是趁早改行做其他营生吧。"买臣不听,他不愿意就此荒废了学业,仍然一边砍柴一边背书。崔氏讲了多次,买臣就是不听。她见买臣如此执拗,就想和买臣分开,另外嫁人。

买臣看出了她的心思,就对她说:"自从你嫁给我之后,没有过上几天好日子,我心中实在惭愧。几年来,在你和岳父的帮助下,我的学业长进了不少,取富贵已经很容易了。我已经四十多岁了,到我五十岁的时候,一定能得到富贵的。"

崔氏听了，反唇相讥道："快别说跟你过什么好日子了，我看你这一辈子也不会有什么出息，不要说五十岁，就是六十岁也没有用！"

买臣仍然耐着性子劝她："我的话你不听，你父亲的话总该听吧？你忘了父亲临终时的嘱咐了吗？还是再熬几年吧！"

尽管买臣千劝万说，崔氏是一句也听不进，一天也不能等了，一定要和买臣分开。买臣没有办法，只得卷起自己的诗书笔砚、衣裳铺盖，离开了崔家，来到大路边，搭了个茅舍安了家。崔氏呢，不久就嫁了人。

有一次，正是清明节，买臣从山上挑柴下山，又累又饿，就在路边休息。恰巧这时崔氏和后夫扫墓回家，看见买臣贫寒的样子，也觉得可怜，就让后夫把上坟的祭品拿些出来给买臣吃，买臣对此也很感激。

后人对朱买臣负薪读书的精神充满敬仰之情，多有诗文吟咏。清代严州教授计楠有一首《幽径山》的诗：

峰峦忽平远，阴深松竹林。无人入幽径，但闻啼春禽。
一池浸寒碧，泉流落苍岑。昔者朱翁子，读书豁胸襟。
涤砚弄池水，澄清自写心。名传千百载，遗迹未相寻。
尚留墨花香，空山云气深。

写的全是幽径山、齐卯坞一带的景色。

4. 涤砚之池

买臣苦读多年，已经是学富五车，满腹经纶，天文地理，无所不通，诸子百家，无所不晓，学识十分渊博。

同时，由于他一直生活在民间，深知人生疾苦，了解社会民情，对治理天下有一套符合实际的想法。他把这些想法写成文章，准备上报给皇帝。可是江南距京师路途遥远，僻居山乡，无人荐举，再好的学问也是枉然。不过天无绝人之路，机会还是来了。

原来买臣的茅舍就在官道边，每年秋天，都有许多官车经过。汉朝制度，每年年末，地方郡县都要向皇帝汇报当年的社会经济状况，汇报时必须带上许多文书和账册，称为"上计"。代表郡县进京汇报情况的官吏称为"计吏"。汉时的文书是写在竹简上的，十分笨重。同时，还要顺便给皇帝和上司衙门进贡一些土特产，因此必须装许多辆车子，称为"重车"，每次上计都要派劳役拉车。民夫推车进京是一种官役，没有工钱，但是官府管吃管住，可以免去路上的开销，虽然辛苦，却是一个进京的机会。

为了能够去京都长安，买臣决意去当推重车的民夫。他去找押车的计吏，说自己愿意充当推车的民夫，计吏看看他说："推车进京，有好几千里路，跋山涉水，十分辛苦，你是个读书人，吃得起这个苦吗？"买臣说："十年寒窗，饱读诗书，为的是能匡扶社稷，施展抱负，焉能老死林下？只要能进京，诣阙上书，待诏金马，什么苦我都能吃——何况我天天砍柴，身体结实，一定不会拖累你的。"

计吏见买臣虽然衣衫破旧，但谈吐不俗，不禁动了恻隐之心，就答应了。买臣十分高兴，带上写好的文章和吏卒们一起推着重车往长安而去。一路上，风餐露宿，不必细说，好在计吏钦佩他的才学，同情他的遭遇，对他十分照顾，所以一路顺利，走了几个月，终于到达京都长安。

长安是天下最繁华的大都市，三街六市，车水马龙，熙来攘往，摩肩接踵，令人目不暇接。同时，长安也是天下人才荟萃之地，学术氛围十分浓厚。买臣第一次来到长安，深深地感受着这里浓厚的文化氛围。他谢绝了同伴的邀请，不去逛街观景，一个人呆在邸所里修改文章，改了又改，然后由计吏带领来到金马门公车官署，献上了洋洋万言的《治安策》。

文章呈上去之后，朱买臣仿佛卸掉了一块压在心上的石头，感觉轻松多了，他到长安的书肆、学署，翻检典籍，交流学术，谈经论文，十分愉快。

可是一晃几个月过去了，皇帝召见的诏书一直未见下来，不多的盘缠很快用光了，连吃饭都成了问题。"长安米贵，居大不易。"京都长安，高官显宦、富商阔贾比比皆是，但是又有谁会向一个待诏公车的穷书生一伸援助之手呢？邸舍里的一个老邸卒很同情他，经常拿饭给他吃。

—— 位于穹隆山的朱买臣读书台

正在买臣濒于绝境的时候，他打听到了皇帝的近臣侍中严助是会稽人，与自己是同乡。于是买臣找到严助，请他帮忙推荐。严助读了买臣的文章，觉得买臣不仅学识渊博，见识也不俗，是一个确有真才实学的人，就答应向汉武帝推荐。由于严助的推荐，皇帝的诏书很快就下来了，让公车令通知朱买臣去金殿晋见。

朱买臣跟随严助上殿拜见武帝。武帝对买臣的奏章十分赏识，他要面试买臣的学识，让买臣讲解《春秋》和《楚辞》等古代典籍文献。这些书买臣早已烂熟于心，不仅倒背如流，还能发挥自己的见解，讲得头头是道。武帝听了，十分满意，就把他留在宫中，和严助一起担任侍中之职，充当皇帝身边的顾问，成了皇帝信任的近臣，一时宠信无比。

但是好景不长，朱买臣因事免职，他挂念幽径村的乡亲，又回到了当年砍柴读书的地方。"筑室读书，凿池为涤砚所"，在大路旁盖了房子，作为读书的地方，还在门前挖了一方水池用作写作时清洗笔砚之用，后人因此把这个地方叫作朱池。

5. 马前泼水

汉武帝时，南方尚未统一，居住在东南沿海的东越、闽越（今浙南、福建一带）老是作乱。他们盘踞在沿海山区，易守难攻，朝廷派兵去攻打，他们就退回山上，大军一走，又出来骚扰，成为朝廷的心腹大患，汉武帝为此伤透了脑筋。

这一年，东越又兴兵作乱，警报传来，大臣们议论纷纷，有的主张派兵进剿，有的主张招安羁縻，莫衷一是。这时候，在家闲居读书的朱买臣已被武帝召回，武帝知道他是会稽郡人，东越与闽越皆在郡境范围内，应比较熟悉那边的情况，就让他拿出一个办法来。

买臣认为东越山区地势艰险，不能硬取，要派兵从海上迂回，捣其老巢，同时扼住正面，防其逃窜，内外夹攻，才能消灭其有生力量，迫使其降伏。武帝采纳了买臣的建议，封他为会稽太守，"治楼船，备粮食，水战具"，做好各项战备工作，准备对东越作战。

武帝对买臣说："富贵了而不回故乡，好比穿着锦绣的衣服夜行，人家看不见。会稽是你的故乡，现在你担任会稽郡的太守，应该回老家去看看，衣锦还乡，光宗耀祖，也好让乡亲们高兴高兴。"

买臣跪下向武帝谢恩，表示一定遵照皇上的旨意，回故乡看看乡亲们。

买臣领了会稽太守的金印，拜别武帝，又吩咐送他上任的长安厩吏（掌管交通工具的官吏）到会稽郡的邸舍中来接他，就一个人往邸舍而来。

买臣脱去官服，穿上旧日的破衣烂衫，把金印藏在怀里，来到郡邸。这时正是正午时分，郡邸里正在吃饭，守丞和邸卒们喝酒呼令，一个个兴高采烈。邸卒们都认识买臣，见他还是原来那副穷酸相，都不理睬他，买臣也不管，昂着头堂而皇之地走了进去。老邸卒看到买臣依然衣衫褴褛，估计他又没吃饭，十分可怜他，就招呼他一道来吃饭。买臣也不客气，坐下就吃。

老邸卒问他："朱相公，多时不见，听说皇上召

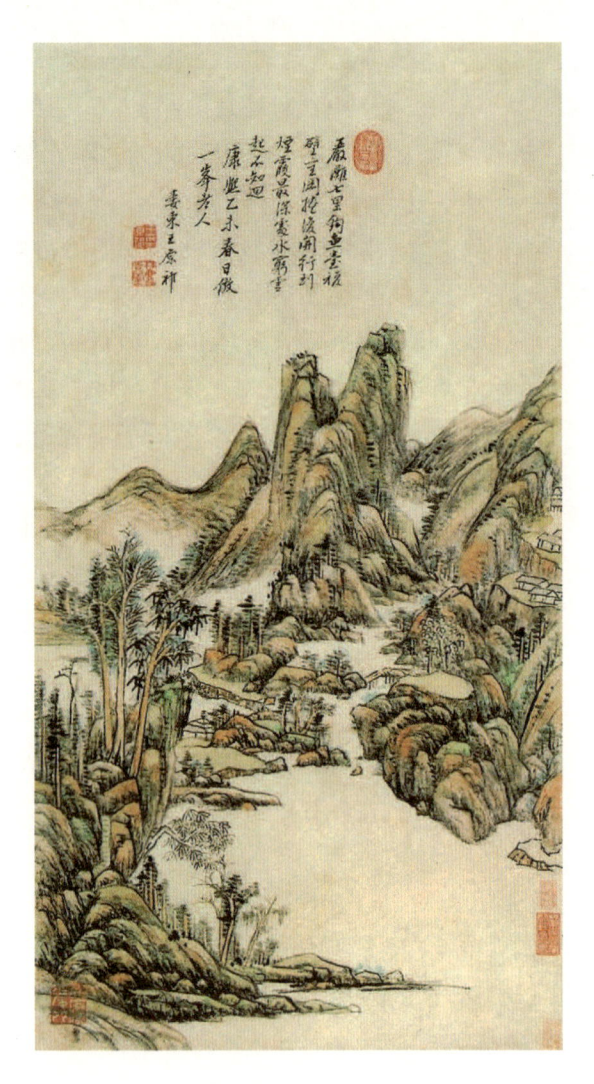

〔清〕王原祁
《严滩七里钓
鱼台》

见你了,可有什么好消息?"

买臣听了,只是笑笑,不置一词。老邸卒见买臣不开口,以为他不好意思,也就不再问了。他见买臣身上穿得单薄,天气寒冷,怕他冻坏了,就去拿了一瓶酒来让他喝了御寒。买臣也不客气,一连喝了几杯,有点醉了,头上也冒出热气来,斜靠在椅背上睡着了。老邸卒见了,怕他受凉,拿了一件衣裳想给他盖上。走到买臣身边,忽然看见买臣脖子上系着一根鲜艳的绶带，他用手轻轻一拉，藏在买臣怀里的金印露了出来，他拿在手里一看，上面刻着"会稽郡太守之印"的字样——这是会稽太守的官印呀！老邸卒吃了一惊，这个坐在自己面前，穿着破旧衣衫的穷书生就是新上任的太守大人呀，朱买臣当上了会稽太守了。老邸卒又惊又喜，急忙来到前厅大声叫唤："快来人哪，新太守来了，朱买臣做官了，皇上封他做会稽太守了！"老邸卒激动得语无伦次。众人听了，都说这老头喝醉了，根本不相信。老邸卒说，你们要是不相信，自己去看好了。有一个向来看不起朱买臣的人站了起来，他根本不相信朱买臣会做官，而且做到了会稽太守这样的官。他跑进来一看，只见买臣醉卧在椅子上，胸前坠着一枚金光闪闪的印章，拿起来看，果然是会稽太守的金印，吓得他连忙出来说："是的，是的！确实是太守大人来了。"大伙这才相信了，不由地又惊又怕，连忙去向邸吏报告。邸吏听说太守大人已经到了，吓得屁滚尿流，连忙过来请安问罪，请太守大人到大堂接受参拜。

买臣慢慢地睁开眼睛，似醒非醒地瞥了他们一眼，这些平时狐假虎威的轻蔑势利之徒，原来一直看不起我这个落魄之人，如今怎么也跪倒在我的脚下了？他哼了两声，站起身来，在吏卒们的簇拥下来到了大堂，在主位上坐定，接受邸吏及僚属们的参拜。正在这时，迎接新太守的长安厩吏驾着高车驷马也赶到了。

厩吏下车，捧上太守官服，请新贵人更衣。买臣徐徐离座，脱去旧衣，穿上官服，重新接受大家的恭贺拜见。

拜毕，买臣请出老邸卒，向他感谢接济之恩，取出金子赠与他，作为养老之资。然后登上官车动身前往会稽郡上任去了。

新太守奉旨出朝来上任的消息很快传到了会稽郡官府，为了迎接新太守，沿途百姓奉命修整官道，崔氏的后夫也被征召来修路了。

买臣的官车一路行来，这一天来到下涯溪招贤桥畔，瞧见自己当年砍柴读书的地方，他下令停车驻马，要看看这里的乡亲们。买臣下得车来，放眼四望，只见白云依然，青山如旧，只是物是人非，不由地感慨万千。他向修路的父老乡亲们问候，对于大家当年的照应表示感谢。乡亲们见当年的"挑担书生"如今成了太守大人，都非常高兴，大家议论纷纷：

"这朱买臣果然是贵人天相，我早就说过他不是等闲之辈……"

"吃得苦中苦，方为人上人。'挑担书生'吃了那么多苦，他的前程来之不易呀！"

"可惜崔氏没福气，本来这太守夫人是她做的呀！"

就在这个时候，崔氏给她的丈夫送饭来了。朱买臣老远看到，吩咐随从把崔氏夫妇载上后车，带回太守府去。他自己备了祭品，来到幽径山崔老墓前，叩首跪拜，祭奠了一番，并吩咐地方官吏好生照看，这才登车而去。

再说崔氏夫妇被接到太守府中，好吃好住，招待得如同上宾一般。夫妇两个心里纳闷，搞不清是怎么回事。过了个把月，崔氏实在憋不住，就向府中人打听，这位新来的太守是谁呀，为什么对我们这样客气？府中人告诉她，新太守叫朱买臣，当年是一个砍过柴的"挑担书生"。崔氏一听，好似平地一声响雷，震得她直发呆，又好像打翻了五味瓶，酸甜苦辣各种滋味一齐涌上心头。她暗暗懊悔，当初不该不听买臣的话，要知道买臣果真能当官，说什么也不该离开他，要不然的话，这太守夫人不是自己做的吗？她想象着太守夫人头戴凤冠、富丽华贵、前呼后拥的样子，越想越不安宁，越想越不甘心。又向府中打听太守大人可有夫人同来，府中人说太守大人是单身一人前来上任的。崔氏听了，更抑制不住要和买臣破镜重圆的欲望。她想面见买臣，求情悔过，重新复婚，思量再三，就让府中人带她去见买臣。

这时买臣正要上马出门公干，崔氏走来，一把拉住马缰绳，双膝跪下，向买臣悔过，希望他回忆前情，破镜重圆。买臣听了，对崔氏说："当年承崔老看得起我，命我二人结为夫妇，我十分感激，原想苦读成名，与你共享富贵。谁知你耐不得贫寒寂寞，一定要离我而去。我好言好语劝你多少次，你一句也听不进，铁了心要走，我也没有法子。现在你是有夫之妇，我是朝廷命官，怎么能夺人之妻，和你复婚？我念你夫妻当日也曾赠我饭食，所以把你和丈夫接来，在府中享福，今后，你们在府中长住，安度晚年吧。"

崔氏听了，仍不死心，她对买臣说："当年我离你而去，确实是我不好。请你看在我父亲的分上，和我复婚吧。"

听崔氏提起崔老，买臣一时情动，他深情地说："崔老待我真是恩重如山，我一辈子也不会忘记。他勉励我刻苦读书，贫贱不移，他的教诲我时刻牢记在心。可是你却忘记了父亲的嘱咐。你不是父亲的好女儿，你丢了崔老的脸，事到如今，只能怪你自己，还能怪谁呢！"

崔氏听罢，无言对答。但她总也不死心，拉住马头不放，一定要买臣答应复婚，买臣见她这样厚颜无耻，十分厌恶。正在这时，马夫端水来喂马，买臣见了，灵机一动，对崔氏说："你我旧日夫妻好比盆中之水，如今分离，好比盆水泼地——"说着，他把那盆水往地上一泼，说道："你要是能把泼到地上的水收回来，我就和你复婚。"

崔氏一看，泼到地上的水怎么收得回来呢？看来买臣是决计不会同她复婚的了。千不该，万不该，自己当初不该昏了头硬要离开买臣，要不然如今这太守夫人的荣华富贵不都是自己的吗？她思前想后，越想越觉得没趣，又羞又愧，就在后园的老槐树上上吊自尽了。

崔氏死后，买臣念她终究是自己的前妻，就赏给她后夫一些钱，让他料理后事，另行再娶。

买臣又把当年带他上京的计吏请来，赏给他许多金银绸缎，并提升他的官职，凡是当年接济过自己的人，买臣一一重谢，以示自己不忘贫贱之交。

买臣在会稽太守任上，积极筹备讨伐东越的战备工

朱买臣墓碑

作。一年后，与横海将军韩说等挥兵南下，击破东越，立下了不世功勋，被封为主爵都尉，位列九卿，成为朝廷重臣。后来，又担任过丞相长史的职务，在与酷吏张汤的斗争中被杀。买臣死后，灵柩由儿子山拊护送回幽径山，葬在崔老的墓旁，直到今天还保留着。

朱买臣的成才道路在中国文化史上有着典型的意义，他以自己的实践向后人表明：成才的道路不止一条，是可以去摸索出来、闯出来的。朱买臣的成功给后世无数的寒门子弟提供了学习的榜样，带来了激励的力量。朱买臣已经成为中国历史上自学成才、刻苦学习的典范，他的故事不但被载入正史、方志和野史，更被写进各种启蒙教材，改编成话本、传奇、小说和民间故事，成为一个家喻户晓的传奇人物。《幼学琼林》中有"可怪买臣之妻，因贫求去，不思覆水难收"之句。早在宋代，朱买臣的故事就被搬上了戏曲舞台，且历代多有续编，如宋代戏文有《朱买臣休妻记》，元杂剧有《朱太守风雪渔樵记》（简称《渔樵记》），明初避朱元璋讳，改名《王鼎臣风雪渔樵记》和《会稽山买臣负薪》（元人

《淳熙严州图经》书影

庾吉甫作,已佚),明传奇有《烂柯山》。朱买臣的形象至今仍然活跃在戏曲舞蹈台上,有京剧、婺剧和二人转《马前泼水》《凤冠梦》,评剧《朱买臣休妻》(又名《马前泼水》)和福建梨园戏《朱买臣》,演《烂柯山》的剧种有婺剧、越剧、晋剧、昆剧,其中《痴梦》和《泼水》更是昆曲中的名折。朱池村不演《马前泼水》,这可能与严州地区不演《武松独臂擒方腊》一样,因为崔氏和方腊都是严州人,要为亲者讳,这也体现了朱池人的一份仁厚之心吧。

朱买臣的故事还被凝练成成语"负薪读书",和李密"牛角挂书"、匡衡"凿壁偷光"、车胤"囊萤映雪"等成语一同被视为古代先贤刻苦学习的典型。

严州还建有多处朱太守祠。据《淳熙严州图经》引唐李频撰写的朱买臣祠碑文中有关的记载,早在汉成帝末年(公元前7年左右),严州人已在乌陇之后为朱买臣建祠了,距买臣在世不过110年左右。两千多年来,朱买臣祠历有兴废,最后一次修建当在清末同治年间[①],距今也有将近一个半世纪的历史了。

---

① 《民国建德县志》卷七《典礼志·祠》:"朱太守祠祀汉会稽太守朱买臣。一在城西四十里朱池,清咸丰十一年(1861)毁,同治七年(1868)同里郑秉相等重建;一在下淮(涯),同治十三年(1874)徐利仁等建;一在太(大)洲村后,庙前有塘,相传无底。"

九姓渔民：严州江上的"贱民"

清戴槃《九姓渔船考》："严郡之建德县有所谓九姓渔船者，不知所自始。相传陈友谅明初抗师，其子孙九族贬入舟居，以渔为生，改而业船。"

    贱民是阶级压迫的产物，既是一个政治问题，也是一个社会问题。贱民是剥夺了公民基本权利甚至生存权的人，犹如会说话的牲口，命运十分悲惨。在中国，由于改朝换代，政治斗争，失败者往往沦为贱民，如山西的乐户，广东的疍民，绍兴的堕民，都是历朝政治斗争的产物。贱民的身份一旦确定，就不得改变，世世代代都必须沿袭下去，正应到那句老话：龙生龙，凤生凤，

戴槃《九姓渔船考》书影

老鼠生儿打地洞。不管你原来的身份如何高贵、显赫，一旦沦为贱民，命运就会变得十分悲惨，就连皇亲国戚也不例外。清朝的雍正皇帝就将与他争皇位的亲兄弟像牲口一样"圈禁"起来，并赐"阿其那"（满语"猪"的意思）等猪狗之名，实际上也是贱民。

贱民现象的存在，引起了有识人士的关注，他们尝试着通过种种渠道、采取各种手段设法改变贱民的命运，主要是从恢复他们的权利入手，让他们能够享受和普通民众一样的合法地位。山西的乐户、广东的疍民、绍兴的堕民都是在雍正朝由地方大员奏呈皇帝批准予以改正的。严州的贱民"九姓渔民"则是由严州知府戴槃平反改正的。

"九姓渔户"（或称"九姓渔船"，今多称"九姓渔民"）的九姓是陈、钱、林、李、袁、孙、叶、许、何，他们是钱塘江上的渔民，主要以打鱼为生，也有从事客货运输的，甚至有沦为船妓的，往来于钱塘江流域的杭、衢、严、徽、婺各州之间，以严州最为集中。客船有"头亭"和"菱白"两种名号，女眷都能歌善舞，随船服务。[①]旧时严州城南江面和严东关江上都泊有菱白船，成为一道独特的风景，实为变相的妓船。

九姓渔民的来历有各种各样的说法。一说他们是南宋亡国士大夫的后代。南宋以临安（今杭州）为都城，士大夫们对严陵山水都很熟悉，亡国后来此地避世，"两桨一舟，自成眷属；浅斟低唱以外别无他长。俗称'九姓渔船'，亦曰'菱白船'，言止能助人清谈而已"[②]。这里已经包含了打鱼和卖唱（甚至卖身）两种谋生的手段了。

第二种说法认为是明朝歌伎之后。明朝时官绅富户

[①]〔清〕戴槃《九姓渔船考》："其船有'头亭''菱白'两种，其家属随船，皆习丝弦、大小曲，以侑觞荐寝。"
[②] 夏日璈等：《民国建德县志》卷一五。

九姓渔民轿船

之家皆可以私蓄戏班歌伎，一旦主人败落，其艺班即流落江上，而其中多来自江山县之富户人家，故又称之为"江山船"。

第三种说法认为是明初陈友谅及其部属之后。陈友谅军"明初抗师"，失败之后被贬江上。这种说法最为普遍，也为九姓渔民自己所认可。九姓渔民中流行一首打渔歌，其中唱道：

> 老子严江七十翁，一生一世住船篷。
> 从前打过元鞑子，又打洪武朱文元。

三种说法中前两种显然有着过多的诗意，南宋遗民也好，明朝歌伎也好，都是不可能限于九姓的。改朝换代，世道沧桑，难保无人沦落，但很难想象都来从事一种职业，都到江上来谋生；同时，据最近几年的调查，九姓渔民并不限于浙江，江西、湖南都有，那就更不可能了。

对于陈友谅及其部属之后,《民国建德县志》有质疑,认为:"明兵在建德,与战者系张士诚部;友谅据九江,遇贬当在鄱阳。"并且说:"闻之父老,建德伎船唐已有之,与友谅原不相涉。"这就更加不对了。将九姓渔户所操之"菱白船"当作妓船的全部,是本末倒置。

陈友谅兵败后,其部属后裔何以流落至此,一直是个谜。戴槃对此曾经专门作过调查,并写过一篇《九姓渔船考》,是关于九姓渔民最为详尽的文字,但对其来历也语焉不详:

> 严郡之建德县有所谓九姓渔船者,不知所自始。相传陈友谅明初抗师,其子孙九族贬入舟居,以渔为生,改而业船。

"贬入舟居"一语毕竟太过笼统含糊,难免后人要怀疑。比戴槃更早些的林昌彝提出的"逃亡说"似乎更加合理一些:

> 菱白船即江山船,船户凡九姓,不齿编氓。九姓皆桐庐严州人。世传陈友谅既败,其将九人逃至睦、杭间,其裔今为九姓船也。①

《南浦秋波录》也有类似的说法:

> 又有所谓江山船者,其户皆隶于建德,亦曰建德船。世言陈友谅既败于鄱阳湖,其党九人逃至睦、杭间,操舟为业,其裔乃流落为妓。今九姓自为族类。

清初学者方桼如也认为九姓渔民乃败军逃亡至此:

> 渔舟凡九姓,相传故陈友谅水军也。友谅败死,

---

① 〔清〕林昌彝:《射鹰楼诗话》。

水军散走东下，其后杂隶衢、婺、睦三郡，为舟师所隶之郡官给舟符，相检校，其名曰"邮票"，县征庸焉。①

方楘如是严州淳安人，其时代也早于上述几人，其所说当更具权威性。"散走东下，逃至睦、杭间"，正是当年友谅败军从鄱阳湖至钱塘江的逃亡路线。

陈友谅于鄱阳与朱元璋大战，兵败身亡，残部由元帅张定边率领，护太子陈理突围出长江，其大部分已被击溃消灭。陈友谅本为"沔阳渔家子"，其主力部队也是水军，水军被歼，主帅已亡，大势已去，不愿投降者只能走逃亡之路。朱、陈水上大战处在鄱阳湖南端的康郎山，靠近饶州（鄱阳）和余干州，正可以分两路逃亡：一路逆鄱江、昌江而上，经景德镇至徽州祁门，然后沿新安江东下，至严州；一路逆龙窟河、锦江而上，至上饶玉山入江山，经衢江而下，至兰溪、严州，然后沿江发展，直到杭州。

败军之将只能"落荒而逃"，越是偏僻的地方越安全，所以陈友谅之败军分别从两条汇入鄱阳湖的江流溯江而上，寻求逃生之路不仅是可能的，也是唯一可以选择的逃生路线。当然，也有可能由胜利者集体安置于此。"贬入舟居"的九姓渔户集中于严郡的一个重要原因，与当时镇守于此的李文忠有关。李文忠是朱元璋的亲外甥，英勇善战，屡立大功，被赐姓为朱，在明朝十二位配享祀庙的开国功臣中名列第三，仅次于徐达和常遇春，其身份、地位都非同一般。将陈友谅"其党九人"置于严州，有如周初置殷之顽民于管蔡让武王之弟管叔和蔡叔监视的做法一样，要李文忠对九姓之人严加监管，这也是对李文忠的最大信任。由于九姓渔民在桐庐、严州居留最多，以至"桐严哥""桐严嫂""桐严妹"竟成为九姓渔民

① 〔清〕方楘如：《百五岁老妪》。

迎娶新人

的代名词了：

> 江山船妇曰"同年嫂"，女曰"同年妹"，向不解其义，询之舟人，曰：凡业此者，皆桐庐、严州人，故名"桐严"，曰"同年"，字之讹也。①

所谓"桐庐严州人"，其实是聚居于此的九姓渔民。直到二十世纪五六十年代，"同年哥"仍是梅城人揶揄呆汉的一种流行称呼。

无论是从事卖笑、载客的"贱业"，还是江上打鱼，九姓渔民的命运都很悲惨。虽然逃离了战场，但却被新朝剥夺了一切政治权利：不准上岸居住，不准入学读书，不准参加科举，不准穿鞋子（只准穿半只，趿拉着），

---

① 〔清〕戴槃：《九姓渔船考》。

不准穿长衫,甚至不准钉纽扣,就是短衣也只能用草绳围着,不准与岸上人通婚(其实岸上人再穷也不会与他们通婚,怕惹来麻烦),实际上已成为"不可接触"的贱民。天寒地冻上岸卖鱼,也不敢整脚穿鞋,因为常有恶棍寻衅侮辱,将他们穿上岸的鞋扔进茅厕里去。

由于不读书没文化,九姓渔民家的孩子连大名也没有,只能取一些贱名,只要叫得应就行。从调查的情况看,大体可以分为四类。一类以生肖取名,生于哪一年就以那一年的属相为名字,如兔儿、龙儿、老虎、阿狗、大狗、小狗之类;一类以出生地为名,生在兰溪就叫兰溪,生在桐庐就叫桐庐,所以九姓渔民的花名册简直就是钱塘江流域的地名簿:洋溪、金华(佬)、屯溪、窄溪、义乌(佬)等等都有;一类则以日常与之打交道的水产取名,如虾儿、小鳖之类;还有一类与岸上人差不多,即以生辰八字中所"缺"之五行取名,缺木则取樟生、樟根,缺水则取金水、银水之类。

由于没有文化,九姓渔民的宗谱、宗祠很难寻觅,据1983年建德民间文艺家协会的调查,了解到孙、许的祠堂在窄溪,姓钱的祠堂在徽州,姓陈的祠堂在新安江镇芹坑坞,但这些祠堂早已无踪迹可寻了,至于宗谱,却始终未曾见到过。

九姓渔民终生在水上生活,又被剥夺了"齐民"的政治权利,其"自为族类""自为婚姻"是不得已的结果,因此,几百年来形成了一个相对封闭的特殊部落,产生了许多独特的生产和生活习俗。例如不抓"赶条鱼"和鳗鱼。"赶条鱼"细长如棺材杠,鳗则如棺材索,抓之不吉利。另外还有黄刺鱼、鲇鱼等五种死鱼不能捞,如果要捞,要先丢一个铜板,以示乃花钱买的,可去晦气。他们信仰周宣灵王和雷公、潮神。每户都供周宣灵王像,

桐庐春江之晨　蒋跃绘

初一、十五插一炷香。周宣灵王为地方神祇，原名周缪宣，生活于南宋初年，后死于衢江之中，钱塘江流域各府州县都有宣灵庙，因此，周宣灵王不仅仅是九姓渔民之神，也是钱塘江之水神。旧时戏班出行也要烧祭周宣灵王，因戏班出行必走水路，希冀水神保佑平安也。拜雷公、潮神很好理解，因为打鱼、运输全在水上进行，雷电和风浪是最大的威胁，祭拜雷公和潮神是希望他们能"多多关照"，消灾赐福。

七月初七船头乞巧。七月初七是传统的乞巧节，姑娘们坐船头穿针乞巧比谁穿得多、穿得快，佳者为胜。水边月下，凉风徐来，水声汨汨，一片天籁，是九姓渔民习俗中最富于诗意的节日。除夕夜要将船撑至城南岸的南峰塔下，以远离市镇，减少干扰和麻烦，船只排成扇形，聚在一起过年。

九姓渔民一般不做寿，但认为六十三岁是个"门槛"，故而老人到六十三岁时，家人要用一条活鲤鱼，以五色丝线系于鱼背交由老人向江里放生，放时念叨："七九六十三，鲤鱼跳过坑。"认为这样，这个"关口"就可以过去。

人死了也上山土葬，并请岸上"八仙"（即"八个头"，专门为人办丧事的民间组织）来进行。出殡时，女儿要送黄纸伞，家人要做一块"铭旌"（灵幡），上写死者姓名。黄伞和灵幡皆为王家之物，此一风俗出自祖上遗风，表示祖先也曾为王，子孙也要沾光"荣耀"，这是"九姓渔民"为自称汉王的陈友谅后代的又一铁证。

九姓渔民习俗中最为热闹、最有特色的当推婚嫁习俗。

婚嫁乃人生之大事，仪式十分隆重。定亲、送盘、送妆奁、谢礼、拜祖先、拜天地都与岸上人无异，只是限于经济条件简陋一些而已。与岸上人不同的是，送妆奁不是在早上，而是在傍晚，据说这与袁姬的故事有关。另外与岸上人不同的是，新娘起身前，女婿还要过来听丈母娘教训，这也是岸上人所绝对没有的。新娘、新郎双方的船都要披红挂彩，打扮一番。男方的船称为"轿船"，代表迎新娘用的花轿。双方的彩布和船舷必须齐平，以防有高低而"欺"了对方。两船相距三尺，不得碰舷，以免"沾光"而不吉利。新娘由壮实而"利市"的中年男子抛过船去（也有用红脚盆抬过去的），对方必须稳妥接住。新娘上得男方轿船后，轿船迅即离开，打三个圆圈后向上游划去，以象征接亲之人过村过街，游行一番之意。拜天地在轿船上进行，见过公婆长辈"分大小"后，两船才可并拢，叫作"并彩"，表示双方已经结亲，连在一起了。

"娇小吴娃拢髻年,轻衫窄袖舵楼边。抢风打桨生来惯,侬是严州九姓船。"这首清人王佃的《桐江棹歌》写出了九姓渔民尤其是九姓姑娘水上生活的场景,十分生动活泼。

从明初至清末长达五百多年的岁月里,漂泊、挣扎在钱塘江上的九姓渔民,不知演绎出了多少辛酸的故事。明清的笔记小说和地方志中有不少关于九姓渔民的记载,其中虽多伤心之事,但也不乏"黑色的幽默"和浪漫的传说,为黯淡的历史增添一抹亮丽的色彩,可以与印度的"大篷车"、欧洲的吉普赛人的浪漫传说相媲美(普希金的长诗《茨冈》,雨果的长篇小说《巴黎圣母院》,写的都是欧洲吉普赛人的故事,是驰名世界的文学名著),其中尤以袁姬的故事最有代表性。

袁姬是袁翁的养女,名叫阿翠,色艺冠时,江东顾生十分爱她,但袁姬始终对他十分淡漠。一位做官的朋友想成全他们的好事,愿出千金为袁姬脱籍。顾生大喜,与袁翁夫妇商量,他们也同意了,但出乎意料的是袁姬却"抵死不肯",说之再三,才勉强答应,但与养父母说定,成亲次日即回娘家。婚后的第二天,袁姬回船,一夜未返,顾生往水边寻觅,却只见"江水渺漫,烟波

九姓渔民改贱为良碑(现藏于建德市档案馆)

无际,已挂帆不知何往矣"。顾生找不到袁姬,懊恼如焚,就雇了一条小船,沿江寻觅,终于在上游严州城外、垂杨之下,找到了袁翁的船,但袁姬见了顾生如同陌路之人,转身入舱去了。叫她也不理,顾生"恚恨莫遏",一纸状书告到了严州府衙。知府传唤袁姬,责令她与顾生和好,袁翁夫妇也从旁劝解,认为应该把顾生请到船上去,以免旁人议论。袁翁与顾生商定,另外雇一只船让顾生夫妇居住,但袁姬又提出晚上过来,白天仍回己舟。顾生也没有办法,只得由她。从此,袁姬每天晚上抱着自己的被褥过来,早上又回袁船,这样过了半年多。

一个月白风清之夜,众人都睡熟了,袁姬悄悄地把自己船上的舟人叫上,拿出二百两银子和一把匕首,对大家说:"今天大家按我说的做,则这二百两银子归你们;如果你们不同意,我就马上自杀,到时候于你们也没有好处。"众人都诺诺连声,于是解开缆绳连夜往杭州进发。是夜东风很大,很快抵达杭城。袁姬重赏众人,将船上细软运入城中,租屋住下,这时,她才笑着对顾生说:"今天我才真正算是你的妻子了!"顾生搞不明白,袁姬说,过几天就知道了。

袁翁发现袁姬逃走后,很快就追到杭州找到了他们,责备她背逃之罪。袁姬说:"嫁夫随夫,怎么能说是背逃呢?如果你们愿意和好,那么今后还可以来往,不然的话从此一刀两断!"袁翁不料阿翠如此决绝,要想报官,但已有官府做媒的凭证,又经知府明判,官司肯定打不赢,只得"白眼瞪视,垂头默然",不得已,只得赔笑脸,认亲戚而别。

原来袁姬历年卖笑生涯,已积有"万余金",如作为嫁妆,养母肯定不会同意,也很难私带过去,于是她想出这个办法,麻痹了养父母,两舟相并,每日过往,以便陆续从被褥中夹带携运。如果流露出一丝爱顾生的真情，养父母必然会警觉起来，则一点也拿不成了。"其机甚警，而其心亦甚苦也"。到杭州后，袁姬拿出银子为顾生捐了个县令，"所在悉著政声，皆由内助之力居多焉"。

《袁姬》[①]是一个近乎完美的爱情故事，已被作者理想化了。袁姬以自己过人的智慧和胆识，摆脱了养父母的控制，追求幸福的生活，并最终达到了目的。与容易上当、轻易信人，以身相许的敫桂英、杜十娘相比，袁姬显然要成熟、老练得多，是一个敢作敢为而又善于作为的女性形象，是中国文学中众多受侮辱受迫害的女性形象中一位富有个性的人物。

袁姬的故事流传很广，以至其行为竟然成为九姓人家效仿的榜样，成为一种风俗，如婚嫁风俗中傍晚送妆奁的做法，男女双方之船要"并彩"等等，都能从袁姬的故事中找出源头来。

九姓渔民是严州最"古老"的居民。严州历经战乱，许多本地土著逃离了家园，许多外地人又迁入严州，正宗的严州人不多。九姓渔民却因为浮家泛宅，本无"家园"可依，无处可迁，所以一直生活在严州境内，他们的语言是最正宗的"严州话"，其中有许多语汇已与现行的严州话不同，保留了不少古代汉语的遗存，如称"跑"为"跳"，称"走"为"跑"等等。九姓渔民的民风习俗是一笔十分珍贵的地方文化资源，应该予以重视，加以保护和开发，要加强研究，推出成果，为振兴地方经济和文化服务。

九姓渔民的悲惨生活及其带来的不良影响，清人戴槃都看到了，并深以为虑。戴槃，字涧邻，丹徒（今江苏镇江）人，道光二十三年（1843）举人。他从维护地

[①]〔清〕贾著：《女聊斋志异》。

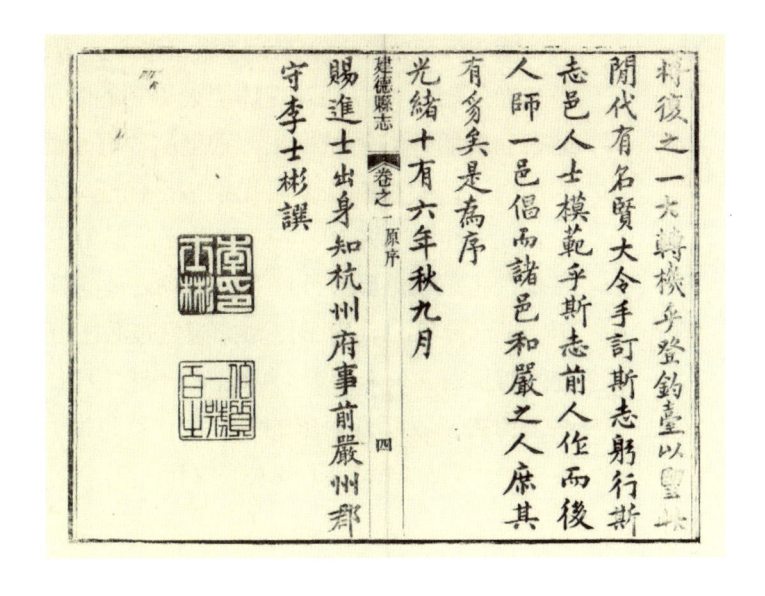

《光绪建德县志》李士彬序

方风化、保证清王朝江山永固出发，提出了为九姓渔民平反并改贱为良。他先从裁革九姓渔课（课：旧指赋税）入手，认为"严属建德县渔课一项，积习相沿已久，为害不可胜言"。因为许多人借口征收渔课，肆意妄为，"船以奉官为名，官吏既征钱粮，即有不能禁止之势。胥役之在外浮收需索，加增无数"[①]。而渔课税的收入其实只有"银九十四两五钱五分八厘"，浮收需索，额外加征大大超过此数，因此裁撤渔课之税乃是废止茭白船进而让九姓渔民改从正业的前提。报请上级批准后，戴槃饬令建德县给各户发放"实贴"（官方的平反证明）。省、府两级政府专门行文告示，晓谕百姓：一方面要求九姓渔户清白自守，以船为业；一方面也对无故借端索诈的胥吏差役发出警告，准许受害人"批名禀控"，严拿究办，决不宽贷。最后，戴槃还亲自拟就《裁严郡九姓渔课并令改贱为良碑记》，刻石勒碑，立于客流最为密集的大南门码头上，以昭告天下。

① 〔清〕戴槃：《裁严郡九姓渔课录》。

咸丰四年（1854）时，戴槃曾奉命往徽、严二州（也是皖浙二省）交界处巡查防堵太平军的防务工作，视察结束后乘船返回省城杭州，乘坐的恰好是九姓渔户经营的茭白船，船主姓陈，得知乘客是朝廷官员，就请求他免去九姓渔课之税，因为不了解情况，戴槃没有贸然答应，只是说将来若能到严州任职，再来处理这件事。过了11年，同治四年（1865）时，戴槃果然被派往严州担任知府，他没有食言，东奔西走，积极向上级打报告，争取政策，终于免去了收了几百年的渔课税，并且为九姓渔民恢复了平民待遇，争取到了做人的权利。

戴槃对九姓渔民的悲惨命运报以极大的同情，为改变九姓渔民的命运做出了极大的努力。但由于社会制度、传统习惯等方面的原因，九姓渔民仍未能真正争得"齐民"的资格，一直到中华人民共和国成立后，随着亿万劳动人民的翻身解放才彻底改变了命运。但历史不会忘记戴槃的功绩，他对严州的贡献，对九姓渔民的贡献都将载入史册。

第四章

「奇山异水，天下独绝」……发现美，是要有眼光的

孟浩然夜宿建德江：
月光下吟出的钱塘江唐诗之路

《唐诗汇评》："（孟浩然）开元间游长安，应进士试不第。自洛之越，漫游江淮吴越湘赣等地。"

月光下，一叶扁舟缓缓地停泊在睦州城下的一处沙洲边上，这里是建德江的出口之处，三江汇合，江面开阔，暮色中的群山退到远处，天际低垂，江岸上的草树遮挡住了视线，好像比天空还要高。船舱中走出一位乘客来，头戴软巾，胸前长须飘拂，一派仙风道骨的模样。他走上船头，极目四望，只见江雾朦胧，山脚中的村落炊烟四起，众鸟归林，牛羊下山，正是田野里的农夫劳作回家、享受家庭温馨的时候，想到自己孤身一人，漂泊在外，家人远隔千里，羁旅之愁油然而生。皎洁的月亮倒映在清澈的江水中，伸手可掬，仿佛就在身边一样。月亮似乎也深解人意，有意地来亲近这个远离家乡的游子。乡愁与诗意同时袭上心头，欲罢不能，不由得吟唱出一首小诗来：

移舟泊烟渚，日暮客愁新。
野旷天低树，江清月近人。

诗人将这首诗题为《宿建德江》。这首不经意间创作出来的小诗，触景生情，情景相生，言简义丰，思与景谐，受到了广大读者的喜爱，得到了后人的高度评价，成为诗人的代表作之一。这位诗人正是盛唐著名的山水

孟浩然《宿建德江》诗
李铎书

诗人孟浩然。

　　年轻时，孟浩然在襄阳家乡发奋苦读，并且广为交游，在诗人圈中很有影响。四十岁时游京师，与王维等诗人、名士交往，以"微云淡河汉，疏雨滴梧桐"之句在国家最高藏书机构秘书省中大出风头，赢得京师名士的一片赞叹。孟浩然以不惑之年的年龄和丰富的社会阅历参加科考，可说是厚积薄发，他自己也踌躇满志。可是发榜后却名落孙山，铩羽而归。仕途无望，京洛难留，孟浩然决定南游吴越，顺便到乐清看望在那里担任县令的同乡好友张子容。临行的时候，写下了《自洛之越》一诗："皇皇三十载，书剑两无成。山水寻吴越，风尘厌洛京。

桐庐东门头　周宇摄

扁舟泛湖海，长揖谢公卿。且乐杯中物，谁论世上名。"表现了对仕途的绝望和厌恶之情。

孟浩然畅游了越州云门山、镜湖、若耶溪和天台山诸多越中名胜；在杭州欣赏了"壮观天下无"的钱江潮，留下了与友人"颜钱塘""薛司户"唱和的两首诗，然后登上前往睦州的客船，准备从睦州转道东阳江（今名兰江），去温州乐清，走的水路和三百年前谢灵运的是同一条。

三百年前，在那个"文学的自觉时代"[1]，谢灵运和沈约、任昉、吴均等当时顶级的南朝文人，先后来到钱塘江，创作了许多山水名篇，他们的作品"唤醒"了沉

[1] 鲁迅：《魏晋风度及文章与药及酒之关系》。

睡的严陵山水，让严陵山水的美走进了人们的视野。谢灵运的《七里濑》、沈约的《新安江至清浅深见底贻京邑同好》、任昉的《严陵濑》、吴均的《与朱元思书》等，都是文学史上的山水名篇。其中，吴均的《与朱元思书》一文最为著名：

> 风烟俱净，天山共色，从流飘荡，任意东西。自富阳至桐庐一百许里，奇山异水，天下独绝。水皆缥碧，千丈见底，游鱼细石，直视无碍。急湍甚箭，猛浪若奔。夹峰高山，皆生寒树，负势竞上，互相轩邈，争高直指，千百成峰。泉水激石，泠泠作响；好鸟相鸣，嘤嘤成韵。蝉则千转不穷，猿则百叫不绝。鸢飞戾天者，望峰息心；经纶世物者，窥谷忘反。横柯上蔽，在昼犹昏；疏条交映，有时见日。

在吴均笔下，富春江的山水充满着活力。急湍猛浪，寒树高山，都显得郁勃不平，充满精神的张力，突显出严陵山水不屈的精神。写水之清，则"千丈见底，直视无碍"；写水之声，则"泉水激石，泠泠作响"；写水之势，则"急湍甚箭，猛浪若奔"。写山之声，则"鸟鸣蝉转，猿叫鸢飞"；写山之势，则"负势竞上，互相轩邈；争高直指，千百成峰"。篇幅短小而隽永，结构层次井然有序，遣词造句，极为简洁生动。句式以四言为主，多用骈句，韵律感很强，是一篇辞藻优美、韵味盎然的散文。

《与朱元思书》是第一篇描写严陵山水的文章，也是描摹严陵山水的名篇，被收入多种文选之中，影响很大。

因为改朝换代的动乱，一度被南朝文人"唤醒"的严陵山水，又复归沉寂，直到大唐帝国重新统一了天下，才再一次地走进世人的视野。唐代第一位吟唱严陵山水的诗人是孟浩然。

孟浩然善于向六朝诗人学习，特别是对"二谢"（谢灵运和谢朓）的作品，更是烂熟于心，不时化用"二谢"的诗意或诗句，为己所用。在钱塘江这段旅程中，谢灵运和孟浩然都写了三首诗，诗题相近，情景相同。谢灵运三首诗的诗题是《富春渚》《初往新安至桐庐口》《七里濑》；孟浩然三首诗的诗题是《宿建德江》《宿桐庐江寄广陵旧游》《经七里滩》。后两首的写作地点基本一致，《宿建德江》一首虽然题目上没有出现"渚"字，但是在诗中却有"烟渚"二字，可以说，孟浩然不仅是踏着谢灵运的足迹而来，而且是步着谢灵运的诗韵而来，学习和承袭的关系十分明显。

孟浩然的《宿建德江》《宿桐庐江寄广陵旧游》写的是泊船之点，《经七里滩》写的则是江上之经过。《宿建德江》与《宿桐庐江寄广陵旧游》两首诗的环境各有不同：建德江是天低野旷，视野开阔，月色亲近；桐庐江则是沧江急流，江面狭隘，两岸风声，如在耳边。

与谢诗中频繁出现的"云日""日落"等白天景象不同的是，孟诗将笔墨放在月夜的描述上，三首诗中有两首是写月色的。月光皎洁柔和，给人以柔美、娴静的感觉，孟浩然笔下的月色往往透射出几分凄清，体现了诗人心中挥之不去的哀愁：远离故土，不见亲朋的客愁；报国无门，壮志难伸的悲愁；猿声凄厉，心绪难平的乡愁。这一次出门本来就没有好心情，完全是为了换换环境以调整心情，但愁字如影随形，从来都没有离开过他。写月是孟诗一大特色，如"天边树若荠，江畔舟如月"[1]，"松月生夜凉，风泉满清听"[2]，等等，都给人以美的享受。

从空间顺序来看，第一首应该是《宿桐庐江寄广陵

[1]〔唐〕孟浩然：《秋登兰山寄张五》。
[2]〔唐〕孟浩然：《宿业师山房待丁大不至》。

旧游》：

> 山暝听猿愁，沧江急夜流。
> 风鸣两岸叶，月照一孤舟。
> 建德非吾土，维扬忆旧游。
> 还将两行泪，遥寄海西头。

桐庐江一般指的是富春江流经桐庐县境内的一段，但是也可以往上延伸到上游七里泷的上口一带。从诗中描写的"山暝猿愁""沧江急流"的景色来看，完全是七里泷中的情状。如果是七里泷以下的河段，则江面宽阔，是谢灵运诗中描写的"江山共开旷，云日相照媚"，而不是四山暝合、沧江夜急了。七里泷河道弯曲而逼仄，水浅而滩多，落差很大，水流湍急，月夜静寂，滩声猿啼，风鸣树叶，尤其清晰。孟浩然是经运河南下杭州的，曾经在扬州逗留过一段时间，故有"维扬忆旧游"之说，以维扬之繁华热闹反衬建德之偏僻冷落。

桐庐茆坪乡的桥　蒋跃绘

第二首是《经七里滩》：

予奉垂堂诫，千金非所轻。
为多山水乐，频作泛舟行。
五岳追向子，三湘吊屈平。
湖经洞庭阔，江入新安清。
复闻严陵濑，乃在兹湍路。
叠嶂数百里，沿洄非一趣。
彩翠相氛氲，别流乱奔注。
钓矶平可坐，苔磴滑难步。
猿饮石下潭，鸟还日边树。
观奇恨来晚，倚棹惜将暮。
挥手弄潺湲，从兹洗尘虑。

这首诗明显受到谢灵运《七里濑》[1]一诗的影响。从内容上看，谢诗从"晨起"写到了"日落"，写的是"七里濑中的一天"；而孟诗则集中笔墨描述了"七里濑的黄昏"：斜阳穿过丛林，彩色的林木中升起一层薄薄的烟雾，宿鸟归巢，猿猴饮水，流水潺湲，恍惚间好似刘、阮[2]误入仙境，发出了"来得太晚"的感叹。

两首诗描摹的景色有许多相同之处。二者都写了山，谢诗写了"山照曜"，孟诗则用"叠嶂数百里"来形容七里泷中群山重叠的气势；都写了石，谢诗称"石浅"，孟诗称"石下"，还有"钓矶"和"苔磴"；都写了山间的飞禽，谢诗称"哀禽"，孟诗称"鸟还"；都写了古人，谢诗列举了严子陵和任公子，孟诗列举了向平和屈原；都写了水，谢诗写了"逝湍"，孟诗写了"湖、江、湍、别流"，对于谢诗中的"潺湲"一词更是直接采用，一为"石浅水潺湲"，一为"挥手弄潺湲"。唐代孟浩然的这首《经七里滩》，就是南朝谢灵运《七里濑》一诗的翻版。

[1] 〔南朝宋〕谢灵运《七里濑》：羁心积秋晨，晨积展游眺。孤客伤逝湍，徒旅苦奔峭。石浅水潺湲，日落山照曜。荒林纷沃若，哀禽相叫啸。遭物悼迁斥，存期得要妙。既秉上皇心，岂屑末代诮。目睹严濑，想属任公钓。谁谓古今殊，异代可同调。

[2] 〔南朝宋〕刘义庆《幽明录》中刘晨、阮肇二人。相传刘晨、阮肇二人至天台山采药迷路，遇二仙女，蹉跎半年始归，归时子孙已过七代。

第三首是《宿建德江》。诗人的小船穿过湍急的桐庐江和清浅的七里滩，来到了三江交汇的建德江口，牵缆泊下，写下了《宿建德江》一诗，成为孟诗中的名篇，也是这三首诗中传播最广、影响最大的一首。这首诗历代唐诗选本多有收入，并且被选入小学语文课本，成为全国小学生的必读课，建德江之名也随着这首诗流传到了全国，极大地提高了建德的知名度。

通观孟浩然在睦州境内创作的这三首诗，"江清"是其诗眼，"月夜"乃其意境，"愁"字乃其主题。三首诗均着力描写水色之清，如"江清月近人""沧江急夜流""江入新安清"，无不渲染水色之清。《宿建德江》中明确地告诉读者"日暮客愁新"；《宿桐庐江寄广陵旧游》中的"猿愁"，其实就是诗人心中的哀愁；《经七里滩》虽然没有出现愁字，但是从"惜将暮""洗尘虑"两句看来，仍然流露出难以拂去的淡淡的哀愁。

—— 桐庐古道　蒋跃绘

孟浩然在唐代踏上钱塘江，他没有想到的是，他为了寄托情怀、讴歌山水的诗篇成为历代传颂的名作；他壮游吴越的行旅路线也成为一条光彩熠熠的钱塘江唐诗之路；更加富有诗意的是，这条钱塘江唐诗之路的开篇之作竟然是在月光下吟成的。在前人开辟的诗路上，孟浩然融入了自己的贡献，许多人追慕他的足迹而来，使这条诗路蔚为大观，形成规模。因为他的影响，钱塘江唐诗之路才逐渐为世人所知，为世人承认，为世人重视，孟浩然是这条诗路当之无愧的开拓者。

刘长卿："睦州诗派"的催生婆

《唐才子传》："（刘长卿）以检校祠部员外郎出为转运使判官，知淮西、岳鄂转运留后。观察使吴仲孺诬奏，非罪系姑苏狱，久之，贬潘州南巴尉，会有为辩之者，量移睦州司马。"

秋天的月亮高高地挂在山城睦州的山崖上，看起来似乎比京城长安要小许多，但是清辉并没有因山高月小而减弱，反而因为照耀的范围集中而显得更加明亮了。皎洁的月光洒落在山水大地上，好像铺了一层厚厚的霜，又像是下了一场薄薄的雪，整个大地都显得玲珑剔透，十分可爱。

—— 桐江晨曲

刘长卿塑像

在这凉爽的秋夜里,睦州城外的佘浦桥边,走来一老一少两个人,他们正往江边走去。佘浦桥是睦州城东碧溪上的一座桥,靠近新安江,江边建有码头和馆驿,可以停泊过往的官船,接待官员、公差的食宿,因此,这里是睦州官衙送往迎来的必经之地。

两个人走一阵,停一阵,年轻人不断地催促长者回去,送行者仍然依依不舍。眼看过了佘浦桥,就要到江边了,他再一次回头对送行的长者说:

"文房先生,夜已深了,您老快请回吧。"

长者这才停下脚步,说道:

"虞贤老弟,感谢你专程来看我,你的老师严维才来过,你又从家乡赶来了,你们师生俩真是有情有义呀。"

停了一会，长者继续说道："你去年高中进士，名列三鼎甲，皇上正要重用你，前途无量，千万不要像我一样，到这山沟沟里来做什么劳什子的司马呀！"

长者对年轻人挥挥手，目送他登上官船，这才缓缓地回到城郊的碧涧别墅去。

这一幕江头送别的场景，发生在大历十二年（777）的秋天，送行者是当年春天来到贬所睦州的大诗人刘长卿，送走的是家住桐庐的青年才子章八元。

章八元上船后，赶紧打开刘长卿赠给他的诗卷，只见上面题了一首五言律诗，诗题为《月下呈章秀才八元》：

自古悲摇落，谁人奈此何。
夜蛩偏傍枕，寒鸟数移柯。
向老三年谪，当秋百感多。
家贫惟好月，空愧子猷过。

老诗人在诗中向这位新科进士倾诉衷肠：众芳摇落的悲秋季节，人的心情本来就好不了，何况还是在贬谪生涯当中，越发觉得寂寞凄清，陪伴自己的只有那石缝中鸣叫的蟋蟀。多年来，在命运的拨弄下，自己就像一只"绕树三匝，无枝可依"的寒鸦，没有一个落脚的地方，如今年纪大了还要饱尝这颠簸之苦。在这样寂寥的秋天，面对这样不公的命运，谁又能不百感交集呢？除了这皎洁的月色，我这贫寒的家中实在拿不出什么好东西来招待你了，权且将这银白的月光当成漫天的瑞雪，阁下就做一回高情厚谊、雪夜访戴的王子猷吧！

刘长卿是当时的诗坛泰斗，专工近体诗，尤其擅长五言律诗，自诩为"五言长城"，名震海内。章八元早就听闻刘长卿的诗名，是他的铁杆粉丝，听说刘长卿要到睦州来任职，尽管是降职下放，但是章八元很清楚刘长卿是因为坚持原则"刚而犯上"得罪了权贵才倒了霉的，不仅没有瞧不起他的意思，反而对他心生敬重，钦佩他的气节和为人。另外，刘长卿的书法很好，曾经为睦州高僧慧朗书写过碑文，他的亲笔赠诗，绝对是一件珍贵的艺术品。

收到这样珍贵的礼物，章八元十分高兴，赶紧写了一首《酬刘员外月下见寄》的和诗表示感谢：

夜凉河汉白，卷箔出南轩。
过月鸿争远，辞枝叶暗翻。
独谣闻丽曲，缓步接清言。
宣室思前席，行看拜主恩。

在青年士子的眼中，月色不是惨淡的清辉，而是湛湛的银河；不是无枝可依的寒鸟，而是高飞的鸿雁；听到的不是凄厉的蛩鸣，而是优雅的丽曲，是长辈的清言，而且用了汉文帝宣室求贤的故事来宽慰老诗人焦灼的心情。

刘长卿字文房，是宣城（今属安徽）人，出生于洛阳，年轻时在嵩山读书，考中进士后不久，"安史之乱"就爆发了，不得不南下避乱，好不容易得了一个长洲县尉的小官，当了没几天却又被人诬陷去坐牢了。出狱以后，担任海盐县令，又被贬为南巴县尉。经过监察部门甄别以后，被提拔为殿中侍御史。大历三年（768）任淮南转运使判官，移任鄂岳转运留后，成为著名理财家刘晏的主要助手，为战后经济的复苏做了大量的工作，突显了他的才干，但却遭到顶头上司吴仲孺的嫉妒和陷害，虽然最终得到了澄清，但是仍然被降职处理，贬任睦州司马。他于大历十二年（777）春抵达睦州，直到建中二年（781）被重新起用，任命为随州刺史。到任不久，随州就被叛军攻陷，不得不弃城往淮南、江东避难，依附曾经担任过睦州刺史的淮南节度使杜亚充任幕僚。大约在唐德宗贞元六年（790）前后逝世，度过了磨难的一生。后人称他为刘随州，有《刘随州集》传世。

刘长卿在睦州度过了五六年的时间，与历任刺史萧定、李揆、杜亚的关系都很好，萧定调任润州刺史时，刘长卿还作了《仲秋奉饯萧郎中使君赴润州序》一文送行。同事们同情他不幸的遭遇，钦佩他忠直的人品，仰慕他在诗坛上的崇高地位，都对他十分尊重。

睦州五年是刘长卿一生中创作的重要时期，虽然是贬谪生涯，心情难免压抑，但却也是一个相对稳定的时期，他在这里创作了非常多的诗歌和文章。许多诗友（包括诗僧）纷纷前来看望，留下了许多唱和之作。在睦州，他和佛道两家的方外之人也多有交往，面对睦州的佳山水，刘长卿写下了不少佳作，他甚至陪同刺史萧定登山临水去寻觅古迹。①

大历十二年（777）春天，刘长卿抵达睦州，与上一次（大历四年，769）"奉使新安"来睦州不同的是，这一次是含冤遭贬而来，在《赴新安别梁侍御》一诗中，他向老朋友透露了自己悲愤而抑郁的心情：

新安君莫问，此路水云深。
江海无行迹，孤舟何处寻。
青山空向泪，白日岂知心。
纵有余生在，终伤老病侵。

"水云深""无行迹""何处寻""岂知心"，是

---

① 刘长卿《奉陪萧使君入鲍达洞寻灵山寺》有"山居秋更鲜，秋江相映碧。苍苔绝行径，飞鸟去无迹"之句。

作者的天地之问、命运之问！命运对于刘长卿实在是太不公平了，两次牢狱、三度遭贬，都是因忠而获咎，是为了国家的利益而得罪了小人，让坚持原则的人来为此付出代价，这难道公平吗？

刘长卿一到睦州贬所，马上就给老朋友严维写信，表达自己的思念之情：

> 陋巷喜阳和，衰颜对酒歌。
> 懒从华发乱，闲任白云多。
> 郡简容垂钓，家贫学弄梭。
> 门前七里濑，早晚子陵过。

诗中用了《论语》中的一个典故[①]，形容自己所住地方之简陋，并且巧妙地运用了睦州名胜七里濑的典故，盼望老朋友能够早点来。严维收到信后，很快就回复了：

> 苏耽佐郡时，近出白云司。
> 药补清羸疾，窗吟绝妙词。
> 柳塘春水慢，花坞夕阳迟。
> 欲识怀君意，明朝访楫师。

他将刘长卿的诗比喻为绝妙好辞，可以当补药来服用。这首诗的颈联"柳塘春水慢，花坞夕阳迟"，历来为人所称道。

这年秋天，严维从老家越州（今浙江绍兴）赶来看望他，为了表示感谢，刘长卿特地创作了一首六言诗《蛇（佘）浦桥下重送严维》送给他：

> 秋风飒飒鸣条，风月相和寂寥。
> 黄叶一离一别，青山暮暮朝朝。

[①] 《论语·雍也》："贤哉回也，一箪食，一瓢饮，在陋巷，人不堪其忧，回也不改其乐。"

寒江渐出高岸，古木犹依断桥。
明日行人已远，空余泪滴回潮。

严维也和了一首《答刘长卿蛇（佘）浦桥月下重送》给他：

月色今朝最明，庭闲夜久天清。
寂寞多年左宦，殷勤远别深情。
溪临修竹烟色，风落高梧雨声。
耿耿相看不寐，遥闻晓柝山城。

六言诗起源很早，《诗经》中就有六言诗，到唐代时已经很成熟了，由于写作难度大，多为绝句，律诗很少，像刘长卿和严维这样的六言律诗十分少见。刘长卿的文集中收有四首六言诗：两首绝句，两首律诗。他在前往睦州途中写下的六言诗《苕溪酬梁耿别后见寄》，不仅很快传遍江南，而且还被人改名《谪仙词》，与唐明皇马嵬驿的故事联系起来，成为词坛上一个有名的典故。

《唐诗三百首》收入刘长卿诗十一首，五言诗占了八首，其中有三首就作于睦州（五绝《送灵澈上人》《送方外上人》，五律《新年作》）。他在睦州创作的八十多首诗中有不少名篇，最为脍炙人口的是五律《碧涧别墅喜皇甫侍御相访》：

荒村带返照，落叶乱纷纷。
古路无行客，寒山独见君。
野桥经雨断，涧水向田分。
不为怜同病，何人到白云。

碧涧一名碧溪，位于睦州城东，自城北乌龙山发源，流入新安江，出口处有佘浦桥，为郡人送行之处。碧溪

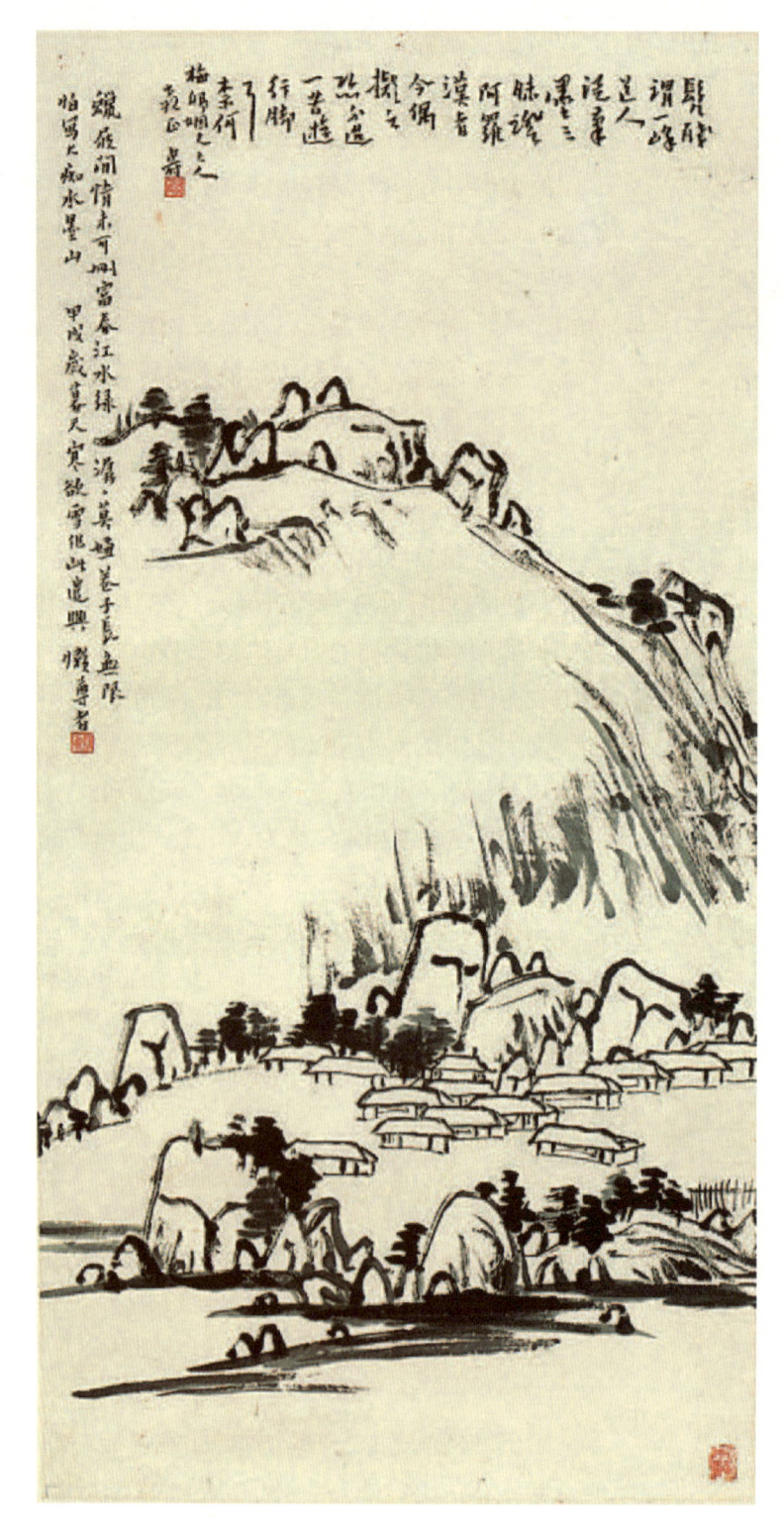

山高水长严州府 HANG ZHOU

富春江上

之中古木参天，群山环抱，白云缭绕，十分幽静。有小村名碧溪坞，刘长卿在这里建有碧涧别墅，聊以栖身。皇甫侍御名皇甫曾，是刘长卿的老朋友，特地从远方赶来看他，刘长卿当然很高兴，写下这首诗送给他。（此据《民国建德县志》的说法。当代学者储仲君先生认为，碧涧别墅应在常州义兴［今江苏宜兴］的阳羡山中。见储著《刘长卿诗编年笺注》）

刘长卿的七言诗也写得很好，且看这首在睦州写的七律《送耿拾遗归上都》：

> 若为天畔独归秦，对水看山欲暮春。
> 穷海别离无限路，隔河征战几归人。
> 长安万里传双泪，建德千峰寄一身。
> 想到邮亭愁驻马，不堪西望见风尘。

还有这两首七绝：

> 迁客归人醉晚寒，孤舟暂泊子陵滩。
> 怜君更去三千里，落日青山江上看。[①]

> 秋江渺渺水空波，越客孤舟欲榜歌。
> 手折衰杨悲老大，故人零落已无多。[②]

前一首是写给贬往江西的薛承规的，后一首则是写给来看望他的老朋友严维的，两首诗都写得情深意浓。

刘长卿虽然生当盛唐，年辈与杜甫差不多，但他主要的仕宦生涯和创作活动都在"安史之乱"以后，是大历诗人的代表性人物："他是纯正的大历诗风的体现者，是大历诗人'这一群'的代表，是'诗至大历而一变'的关键人物。"[③]以五言诗著名，号称"五言长城"。

[①]〔唐〕刘长卿：《使还七里濑上逢薛承规赴江西贬官》。
[②]〔唐〕刘长卿：《七里滩重送》。
[③] 储仲君：《刘长卿诗编年笺注·前言》。

安史之乱以后，唐王朝的元气大伤，衣冠士族大量南迁，经济重心南移，江南的文化很快繁荣起来。当时的诗坛出现了两大群体：一是以长安、洛阳为中心的钱起等"大历十才子"，作品多为题赠送别之作；一为长期在江南任职的地方官诗人，有刘长卿、韦应物、戴叔伦等，作品大多描写山水风光，其清雅闲淡的艺术追求，深受盛唐王、孟诗风的影响，有一脉相承的关系。这个江南的诗人群体被后人称为"江表诗坛"。江表诗坛的代表人物无疑是刘长卿。刘长卿在睦州的一系列创作活动，他在江表诗坛巨大的影响力和号召力，使得睦州这个原先默默无闻的偏僻小州一度成为江表诗坛的中心，成为全国瞩目的地方。

刘长卿在睦州的创作活动，不仅繁荣了睦州的文化氛围，也推动了地方文化的发展。与他来往的除了外地的诗友以外，还有大量的本地人士，仅从他的诗题上就可以看到，有章八元、孙沆、朱放、许法棱、鲍尊师、洪尊师等人。就睦州而言，刘长卿最大的贡献还不是他在这里创作的诗文作品，而是对于当地诗人的扶持和培养，是对地方诗人群体睦州诗派的影响，为睦州诗派的孕育和产生播下了种子。可以说，没有刘长卿的到来，就不一定会产生睦州诗派。睦州诗派的诞生，固然是睦州诗人群体努力的结果，但也离不开外来诗人尤其是大诗人的提携和培植，是内因和外因互相作用的结果。

据宋末流寓严州的文人谢翱写的《睦州诗派序》的介绍，唐代睦州诗人共有10位：施肩吾、方干、李频、喻凫、翁洮、章八元、徐凝、周朴、喻坦之、皇甫湜，其中以生于唐玄宗天宝二年（743）的章八元年龄最长，比刘长卿只小十多岁，是睦州诗派中唯一和刘长卿有过交往的人，又是刘长卿的好友严维的学生，得到严维的真传，诗名大震，人称"章才子"，他作的七律《题慈恩寺塔》受到大诗人元稹和白居易的赞赏，发出"想不到严维竟然有这么一个出色的弟子"的感慨。之后睦州诗派的领军人物之一方干便是这位章才子的乘龙快婿，尽管方干当时的兔唇还没有补好，但是爱才心切的章八元还是把女儿嫁给了他。后来方干成为分水诗人徐凝的老师，而徐凝的老乡施肩吾和施肩吾的女婿何希尧也是诗人，章八元的儿子章孝标和孙子章碣，也都是有名的诗人。方干和睦州诗派的另一位领军人物李频则是亦师亦友的关系，而喻坦之和翁洮则都是李频的诗友。从以上简略的介绍我们可以看出，睦州诗派是一个师生、亲友关系都十分密切的文学团体，章八元是联系众人的纽带，是其中的关键人物，起到了一个承上启下的重要作用，而抓住这个纽带的正是刘长卿。

"一川如画晚晴新"
——诗中的乡愁:"睦州诗派"

宋谢翱《睦州诗派序》:"唐代言诗在江东者……率郡不过一二人,多者三四人。惟新定自元和至咸通间以诗名凡十人,视他郡为最。"

中国号称诗国,唐诗是中国诗歌的代表,后人曾将多如繁星的诗人按不同的风格分为许多流派,如以王(维)孟(浩然)为代表的山水诗派,以高(适)岑(参)为代表的边塞诗派等。以领衔人物冠名的,则有以写通俗诗提倡新乐府出名的元(稹)白(居易)诗派,以诗风奇崛著称的韩(愈)孟(郊)诗派,以诗风秾艳闻名的温(庭筠)李(商隐)诗派等等。"睦州诗派"则以地域作为诗派名称。

《睦州诗派序》

睦州山高水长，锦峰绣岭，山水风光特别美，生活虽然贫困，却有刻苦好学、崇文重教的好传统。山高水长的地理环境，给予生于斯、长于斯的读书人美的熏陶，也吸引了不少崇尚山水自然的文化名人来此游历。山水诗的开山鼻祖谢灵运以及任昉、沈约等六朝大文人都曾经游历过浙西山水，为后来睦州诗派的山水诗风奠定了基础。谢灵运写过《七里濑》《初往新安至桐庐口》，沈约写过《新安江至清浅深见底贻京邑同好》，任昉写过《严陵濑》，都是山水诗的名作。谢灵运的"石浅水潺湲，日落山照曜"，沈约的"千仞写乔树，百丈见游鳞"，任昉的"群峰比峻极，参差百重嶂"，都是写新安及富春山水的经典名句。

唐代，山水田园诗的代表人物孟浩然壮游吴越，在睦州写下了《宿建德江》《宿桐庐江寄广陵旧游》《经七里滩》等作品。其后，擅写山水诗的刘长卿、许浑、杜牧先后任职睦州，睦州一度成为"东南江表诗坛"的热点，为"睦州诗派"的孕育、诞生起到了直接的推动作用。"睦州诗派"的领军人物方干、李频以及其他诗人都深受山水田园诗派的影响；诗坛领袖白居易、姚合出任杭州刺史，也为睦州诗人问学求诗创造了条件。睦州诗人徐凝曾与白居易唱和并深得器重，白居易还专门向睦州刺史打听过徐凝的行踪，并托他照顾徐凝，"解怜徐处士，唯有李郎中"[①]，大有怜才之意。李频则奔赴陕西长安姚合府上，呈上诗稿，"不远千里，丐其品题"。姚合不惟爱其才学，更"爱其标格"——风度翩翩的美少年，竟招其为东床快婿，成为一段文坛佳话。

《睦州诗派》原为一本诗集，为宋代严州人翁衡所编，收入"元和至咸通间（相当于中晚唐时期）"睦州籍诗人方干、李频、喻凫、翁洮、施肩吾、章八元、徐凝、周朴、喻坦之、皇甫湜等十人的作品，但此书早已失传，

[①] 〔唐〕白居易：《凭李睦州访徐凝山人》。

幸有谢翱之序传世,方为世人知晓。谢翱在《睦州诗派序》中介绍了唐代江东诗人的分布情况,着重指出:一个州郡有一两个诗人就已经很了不起了,而睦州一地竟然多达十人,堪称江东地区诗人最多的州郡。明初大学者宋濂在为桐庐诗人徐舫写墓志铭时也提到了睦州诗派[1]。其实"元和至咸通间"的睦州诗人远不止十位,仅就著名者而言,就还有章孝标、章碣、崔涂、许彬、皇甫松、马异等人。宋濂还将时间延伸到宋代,则人数更多,阵容也更为可观了。不过既称"诗派",应该由大体同时代的诗人组成,不能将不同朝代的"老乡"拉扯在一起,因此还是以谢翱所框的范围为好。

除了年代较早的章八元(桐庐人)、皇甫湜(新安人)、马异(睦州人)应列入中唐外,其余十二位皆为晚唐时候人,而且其代表人物方干和李频亦系晚唐人,故而将睦州诗派纳入晚唐诗坛论列比较合适。

"睦州诗派"的出现具有一定的必然性。其中最重要的原因当然是睦州有着孕育诗歌的沃土——优美的山水环境和厚重的文化传统,只要有适当的外部条件,就能绽放出绚丽的花朵来。

方干是"睦州诗派"的主将之一,是一个"官无一寸禄,名传千万里"[2]的布衣诗人,诗名满江南,被誉为"晚唐巨擘",去世后门人私谥为"玄英先生"。唐末韦庄奏请追赐进士及第,并追赠拾遗之职。他优游山水间,与地方官吏和诗人多有唱和应酬,晚年隐居会稽镜湖。《题睦州郡中千峰榭》是他的代表作之一:

> 岂知平地似天台,朱户深沉别径开。
> 曳响露蝉穿树去,斜行沙鸟向池来。
> 窗中早月当琴榻,墙上秋山入酒杯。

[1] 〔明〕宋濂《故诗人徐方舟墓志铭》:"先是睦多诗人,唐有皇甫湜、方干、徐凝、李频、施肩吾,宋有高师鲁、滕元秀,世号为睦州诗派"。
[2] 〔唐〕孙郃:《哭方玄英先生》。

桐庐县城　周宇摄

何事此中如世外，应缘羊祜是仙才。

其中，"曳响露蝉穿树去"一联历来为诗家所称道。

寿昌人李频是方干的朋友，也是睦州诗派的领袖人物，擅长写景和送别之作，这也是睦州诗人的诗风特色，如其《送张郎中赴睦州》："青山复渌水，想入富春西。夹岸清猿去，中流白日低……"严羽评其诗"不全是晚唐，间有似刘长卿处"[1]，正是看出了睦州诗派与江湖诗派的传承之处。

李频的代表作《湘口送友人》也是一首送别之作：

> 中流欲暮见湘烟，苇岸无穷接楚天。
> 去雁远冲云梦泽，离人独上洞庭船。
> 风波尽日依山转，星汉通霄向水连。
> 零落梅花过残腊，故园归去又新年。

[1]〔宋〕严羽：《沧浪诗话》卷四。

桐庐县城　周宇摄

清人张文荪评此诗：天骨开张，气魄甚大，是晚唐高手。

章八元是睦州诗人中最早出现的一位。他的儿子章孝标、孙子章碣也是有名的诗人，一门三代诗人，这不仅在睦州诗派中，即便在中国文学史中也是少见的。历史上一门出现三个文学家的例子不少，如曹操、曹植、曹丕父子三人称为"三曹"，苏洵、苏轼、苏辙父子三人称为"三苏"；西晋张载兄弟称为"三张"，明代袁宏道兄弟称为"三袁"，等等，但这些都是父子、兄弟，没有延伸到第三代的。从章八元与刘长卿唱和的唐代宗大历年间（766—779）算起，到章碣在诗坛活动的唐僖宗乾符年间（874—879），时间跨度长达百年，这不能不说是文学史上的奇迹。

在睦州诗派中，章八元是个纽带式的人物。他不仅上接大历，与中唐诗人刘长卿有交往，而且下通晚唐，硬是将一个兔唇的乡巴佬方干培养成睦州诗派的领军人物，而且还招他为女婿。方干又随分水人徐凝学诗，徐凝则是施肩吾的同乡老友。方干的诗友李频是睦州寿昌人，翁洮和李频又是老乡。桐庐人喻坦之曾经和李频结伴往京城长安考试，与方干、李频都有唱和的周朴也是桐庐人。皇甫湜晚年逝于桐庐，墓志铭即为章八元的儿子章孝标所作。一个章八元把整个睦州诗派全都串起来了。尽管章八元存世的作品不多，但他在睦州诗派的形成和发展过程中发挥了重要的作用。

马异是睦州建德人，唐德宗兴元元年（784）的进士，应该归入中唐。其诗风怪异，与卢仝相近。卢仝听说马异的大名，觉得与自己志趣相投，很愿意与他结交，就写了一首《与马异结交诗》给他，其中有这样的句子："昨日仝不同，异自异，是谓大同而小异。今日仝自同，异不异，是谓仝不往而异不至。"马异得诗后，作《答卢仝结交诗》以酬答："有鸟自南翔，口衔一书札，达我山之维。开缄金玉焕陆离，乃是卢仝结交诗。此诗峭绝天边格，力与文星色相射……"

马异与皇甫湜的年龄相差很大，他中进士的时候皇甫湜才七岁，因此不可能如《唐才子传》所说的小时与皇甫湜同学。马异存世的诗很少，只有四首，但是其中就有一首《送皇甫湜赴举》诗："马蹄声特特，去入天子国。借问去者谁？秀才皇甫湜。吞吐一腹文，八音兼五色。主文有崔李，郁郁为朝德。"写得通俗易懂，毫无怪癖之气，表现了一位前辈乡人对晚辈的无限爱惜之情。

喻坦之，睦州建德人。与李频同时，两人曾经结伴同往长安应试。李频的《贻友人喻坦之》诗中有"共在山中长，相随阙下来"的句子。但是，喻坦之的运气不太好，在长安耽搁多年却始终没有考取进士。他的《春游曲江》诗中有"误入杏花尘，晴江一看春。菰蒲虽似越，骨肉且非秦"之句，对于自己执着于科举深有懊悔之意。

喻坦之和许棠、张乔等人并称为"咸通十哲"，一起参加过咸通十一年（870）京兆府的考试，这次考试由老乡李频主持，但是喻坦之仍然没有考中。喻坦之落第之后，曾经北游太原、代北，有《代北言怀》诗："困马榆关北，那堪落景催。路行沙不绝，风与雪兼来。草得春犹白，鸿侵夏始回。行人莫远入，戍角有余哀。"喻坦之一生萍踪浪迹，漂泊于塞北江南，到老也没有考中进士，不得不返回睦州老家终老。

崔涂，字礼山，睦州桐庐人。光启四年（888）进士。也是考了多次才得以考中，已经是三十多岁的人了。

因为黄巢起义爆发，唐僖宗逃往四川，崔涂也赶往四川成都应试，在四川逗留了三年，仍然没有考中。在这里，他写下了著名的《巴山道中除夜书怀》一诗："迢递三巴路，羁危万里身。乱山残雪夜，孤烛异乡春。渐与骨肉远，转于僮仆亲。那堪正漂泊，明日岁华新。"将漂泊在外、思念亲人的感情表现得十分真挚、自然。《唐诗三百首》收入崔涂的《书怀》和《孤雁》两首诗，崔涂是睦州诗派中唯一有作品选入《唐诗三百首》的诗人。《唐才子传》中称赞崔涂的诗："意味俱远，大名不虚。"崔涂与方干、张曙都有唱和，他的《读方干诗因怀别业》诗有"把君诗一吟，万里见君心"之句，可见二人友谊之深厚。

周朴，字见素，睦州桐庐人。与方干、李频为诗友，后来漂泊到福州，寄居在一座寺院里，日子过得十分清苦。周朴为人清高孤僻，安贫乐道，福建观察使杨发、李海尊重他的才学，几次请他出来做官，都被他回绝了。他说，自己虽然是个贫贱之人，但是不愿意为官场所污。平生痴迷于创作，每首诗都要精雕细琢，"月锻季炼"，诗还没有写完就已经流传出去了。有《登福州南涧寺》诗："万里重山绕福州，南横一道见溪流。天边飞鸟东西没，尘里行人早晚休。晓日青山当大海，连云古堑对高楼。那堪望断他乡目，只此萧条自白头。"写出了周朴对睦州家乡的思念之情。

乾符五年（878），黄巢攻克福州，要召周朴去做官，周朴不肯去，并且说："天子的官我都不做，还会做叛贼的官么？"黄巢大怒，就将周朴杀了，可怜一位诗人就这样死于他乡异域，福州人听说后无不为之痛惜。周朴的诗稿由他的朋友栖浩和尚搜集，交给林嵩编辑整理，名《周朴诗集》，并为之作序，但是后来多有散失，今存诗四十五首。

翁洮，睦州寿昌人，与李频是同乡好友，光启三年（887）进士。曾任主客员外郎，后来辞官回家隐居，朝廷多次征召都不肯出山，以"有根盘水石，无叶接烟霞"的诗句表明自己无意做官的心愿。①

翁洮是寿昌航头人，十分热爱家乡，他的诗善于描写田园风光，有《春日题航头桥》《航头八景诗》等作品。语言明白如话，农村风光如在眼前，如"短笛吹残斜月外，蓑衣高挂白云中"，又如"草树荒凉路欲迷，鹧鸪声里日沉西。荆薪急束归嵋麓，不管仙人对下棋"，读来回味无穷。

翁洮还在家乡航头创办了青山书院，并且有诗纪之："懒逐红云上翠峦，书斋归筑乐青山。灵台一点天光漾，

① 〔唐〕翁洮：《枯木诗》。

青山书院遗址（今航头初中附近）

不管猿猴梅凤鸾。"① 青山书院是睦州历史上最早的书院。

睦州诗派虽然是一个地域性的群体，生活的年代也大体相同，但各人的遭际命运却很不一样，因而作品中也呈现出不同的风采：皇甫湜、马异怪涩，徐凝、章孝标浅俗，施肩吾超尘脱俗，崔涂意味深远，方干、李频俊逸清新。诗风虽然各异，但却有着共同的时代特征，即对身世遭遇的不平，对生民痛苦的同情和对国家前途的忧虑。

安史之乱以后，大唐帝国急剧衰退，晚唐时更是日薄西山，气息奄奄，地方军阀割据抗命于外，宫廷宦官擅权横行于内，正直的士人和朝臣很难有施展抱负的机会，他们普遍感到压抑，因而诗坛多低回悲愁之音，反映在睦州诗人的作品中便是大量的吟咏山水的寄托和羁旅思乡的愁绪："蝴蝶梦中家万里，杜鹃枝上月三更。"崔涂在《春夕》诗中向人们倾诉乡愁入梦的无限怅惘。

① 〔唐〕翁洮：《航头八景·青山书院》。

他觉得自己如同一只无可依傍的孤雁，在万里关山中无目的地漂泊，请看他的《孤雁》："几行归去尽，片影独何之……渚云低暗度，关月冷相随。"羁旅之愁，身世之感，寄慨遥深。李频与崔涂不同，他将乡愁直接写了出来，如他的《春日思归》"春情不断若连环，一夕思归鬓欲斑"，《长安即事》"故园久绝书来后，南国空看雁去多"。章碣和许彬则以意象烘托氛围，读之如画。如章碣的《寄友人》"昨日西风动归思，满船凉叶在天涯。"许彬的《中秋夜有怀》："沧波归处远，旅舍向边愁。"

在新安山水中熏陶成长的睦州诗人几乎个个都是写景的高手，且多以自豪的口吻描摹家乡的山川景物，如章孝标《梦乡》"家在吴王旧苑东，屋头山水胜屏风"，喻坦之《发浙江》"海曙霞浮日，江遥水合天"，章八元《新安江行》"雪晴山脊见，沙浅浪痕交"，皇甫松《江上送别》"船去鸥飞阁，人归尘上桥"，等等。睦州诗派的代表人物方干和李频更是多写景的佳句，如：方干《题睦州郡中千峰榭》"窗中早月当琴榻，墙上秋山入酒杯"，《思桐庐旧居便送鉴上人》"林中夜半双台月，洲上春深九里花"；李频《送张郎中赴睦州》则有"青山复渌水，想入富春西。夹岸清猿去，中流白日低"，《送友人喻坦之归睦州》有"山花含雨湿，江树近潮蓊"。航头人翁洮擅长描写农村风光，他的《春日题航头桥》"海气暗蒸莲叶沼，山光晴逗苇花村……闲伴白云收桂子，每寻流水劚桐孙"，《和方干题李频庄》"薜萝烟里高低路，杨柳风前去住人"等诗句，生动流畅，明白如话，很有田园风味，读来亲切感人。

睦州诗派上承中唐、大历，创作手法和艺术风格十分相近，方干在当时就被认为"入钱起之室"[1]，"升李益之堂"[2]，李频则被拿来与刘长卿相比："李频不全是晚唐，间有似刘长卿处。"[3]从中可以看出他们之间的关系。

---

① 〔唐〕王赞：《玄英先生诗集序》。
② 〔唐〕张为：《诗人主客图》。
③ 〔宋〕严羽：《沧浪诗话》卷四。

睦州诗派以自己的作品在晚唐诗坛中显示了实力,李频的七律《湘口送友人》被人誉称"幽情寓思,精妙之极"。方干也是写七律的高手,每多警句。睦州诗人运用得最娴熟的还是五律,李频的五律成就很高,得其岳丈姚合真髓,佳作很多,因此严羽才将他与自诩"五言长城"的刘长卿相比拟。

睦州诗派的形成有其独特的社会背景和地域因素。唐代以诗赋取士,吟诗作赋是读书人的主要生活内容,因而诗歌创作空前繁荣,这是睦州诗派得以产生的最基本也是最重要的社会条件;同时,自南朝以来,由于文人们对新安风光的大量歌咏,睦州山水的影响日益扩大,唐代诗人多有"壮游吴越"之举,睦州为必游、必经之地,产生了诸如孟浩然《宿建德江》、李白《清溪行》这样的名篇。此外,中唐以后,一批当时一流的诗人出宦睦州(如刘长卿、杜牧、许浑)和杭州(白居易、姚合),他们流连睦州山水,与当地诗人唱和,也写下了不少佳作。还有一个更为重要的原因是江外诗人群体的影响。中唐时期,以江东吴越为中心形成了一个诗歌创作群体,他们"窃占青山白云,春风芳草,以为己有"[①],作品多以山水风光为内容,主要人物有刘长卿、严维、李嘉祐、朱放等人。生长于锦山秀水间的睦州诗人以其对山水风光的天生灵感与善写山水风景的江外诗人有着天然的亲和力,两者之间诗风和内容相近是十分自然的,严羽将李频和刘长卿相比就是最好的证明。

让睦州地方诗人和游睦名家们没有想到的是,他们的创作铺出了一条闪光的浙西唐诗之路,成为留给后人的一笔宝贵馈赠。

[①] 〔唐〕皎然:《诗式》卷四。

第五章

一只大草鞋,挡住百万兵……
严州高僧的故事

半边鱼和平底螺：
　　少康和尚的传说

《唐睦州乌龙山净土道场少康传》："康所述偈赞，皆附会郑卫之声，变体而作，非哀非乐，不怨不怒，得处中曲韵。譬犹善医以饴蜜涂逆口之药，诱婴儿之入口耳。"

　　有谁听说过下了油锅的鱼还能游吗？钳去屁股的螺蛳还能活吗？没听说过？那就对了。但是在严州乌龙山就发生过这样的奇迹，创造这个奇迹的是唐代的一位高僧少康和尚。

　　少康和尚在睦州城东严东关北高峰的圆通禅院中修行，有一天，他到睦州城里去化缘，路过一个小山村，一户人家正在炒菜做饭，锅子里煎着小鱼，脚盆里"养"着一盆钳掉屁股的螺蛳。少康和尚一声"阿弥陀佛，善哉善哉！"让他们把鱼和螺蛳都"放生"了。主人家见是少康和尚，虽然愿意，但是已经煎了半边的鱼和钳了屁股的螺蛳也不会活了呀！谁知道"佛法无边"，少康和尚施展佛法之后，鱼儿在水里游了，螺蛳也会动了，这都是佛法的威力呀。

　　这是一个在严州民间家喻户晓的传说故事。这个少康和尚就是被尊为净土宗五祖的少康大师，又称后善导。

　　少康（？—805），俗姓周，唐缙云（今属浙江）仙都山人。仙都是一处著名的风景区，有一座拔地而起的石峰，形似巨鼎，因峰顶有池贮水，故名鼎湖峰，相传

少康大师像

黄帝于此修仙得道，飞升而去，故此地极有仙气。一天夜里，少康之母罗氏梦游鼎湖峰，有一仙女手捧青莲送给她，对她说："此花吉祥，现寄存在你家，日后当生贵子，你一定要珍惜保管好！"后来罗氏果然怀孕生少康，诞生之时，青光满室，室内飘逸着莲花的芬芳。少康幼时长得碧眼朱唇，皓齿明眸，一坐下就开口微笑，但从不开口讲话。乡里中会看相的人说："这个孩子将来必是将相之才。但他不开口讲话，我也就难以下结论了。"七岁时，父母抱着他到灵山寺游玩，这天正好是佛祖的生日，大家都去朝拜佛祖，瞻仰佛容。母亲指着佛像问他："你认识他吗？"小少康忽然说："这是释迦牟尼佛。"父母和周围的人都感到十分奇怪——从来不讲话的孩子怎么见到佛祖忽然就开口了呢？父母认为这孩子生来就有佛缘，于是把他送到寺院出家当了小和尚。小少康聪慧好学，到十五岁时，已经诵读了五部经典。后来到越州（今浙江绍兴）嘉祥寺受戒，并在那里学习毗尼之法（佛教戒律）。五年之后，又往上元（今江苏江宁）龙兴寺，听《华严经》《瑜伽论》等经论。

德宗贞元元年（785），少康到河南洛阳，来到了著名的佛教圣地白马寺。在一个佛殿里，他见到一物闪闪发光，就问是什么宝物。白马寺的寺僧告诉他，乃《善导行西方化导文》。善导（613—681），是初唐时临淄人。幼年出家，贞观十五年（641），赴西河玄中寺，从道绰习净土法。后入长安光明寺，传播净土法门，倡导专心念佛之法。著有《观无量寿佛经疏》《往生礼赞》等，一生用所得施财，"写《弥陀经》十万卷，画净土变相三百壁"，他的弟子中有一天念佛万声甚至十万声者，有念诵《弥陀经》十万卷甚至五十万卷的。善导也被信众们尊为"弥陀化身"，是净土宗的实际开创者。

少康见了此宝卷经文，口中喃喃发誓："我若与净土有缘，这卷宝物经文当重放光芒！"誓语刚讲完，经文果然又发出闪闪金光，金光中还出现许多菩萨。于是少康来到长安，前往善导修行、圆寂的光明寺，来到挂有善导遗像的影堂，虔诚礼拜。善导果然现身，对他说："你按照我的教导去做，一定能够利乐众生，同生安养。"少康深受启发，便往南行，来到江陵（今湖北江陵）果愿寺，果愿寺的一位法师对他说："你的缘分不在这里。你应该去往南方，直接去新定郡（睦州）弘法，你的缘分在那里呢！"说完就不见了，只见一道香光往西而去。少康望西拜伏，按着佛的指示，来到睦州。到得睦州城内后，沿街化缘乞讨，讨到钱后就让小孩叫"阿弥陀佛"，叫一声，送一个小钱。一个月下来，念佛号的孩子越来越多，小钱远远不够，少康就逐渐只给叫得多的人送小钱。一年以后，睦州城中的男女老少都来找少康念阿弥陀佛了。于是，少康在城北乌龙山建净土道场，筑坛三级，信徒们午夜赶往山上，唱赞二十四契，称颂西方净土之邦。每逢斋日，皆到法坛下聚会，信众多达三千余人。少康登上法坛，让男女弟子们跟着他高声念诵佛号。他还让弟子们看着他的面容念佛，他说，我念一声佛号，

乌龙山

佛就从我的口里吐出来,我连念十声,就有十佛。有谁见到佛身,就可以往生极乐世界。四众都盯着少康面门,看他连声念佛,果然佛从口出,连通十声,十佛连珠而出。少数未见到佛影的弟子,都自愧持敬不足、功夫不够,从而更加用功念佛。而亲近者则更坚定了信佛的诚心。少康的这个方法,收效很大,在当地掀起了念佛以求生净土的热潮,念佛法门广为普及,净土宗得到了迅速的传播。

贞元二十一年(805)十月,少康知逝时已至,告诉身边的人,自己很累了,需要休息,并极力劝勉他们急修净土,从净土修行中获得快乐,远离不好的念头,保持身心的纯净和健康。[1]讲完之后,按照佛门的规矩坐好,全身突然大放光明,就往生了。这时,天气骤变,狂风四起,百鸟悲鸣,乌龙山也一时变白。遗体火化后,弟子们为之建舍利塔于州东台子岩。因为葬于台岩,故又称之为"台岩法师"。后来时间久远,舍利塔只剩座基方石,石旁之土,

[1]〔宋〕赞宁:《宋高僧传·少康传》:"当于净土,起欣乐心;于阎浮提,起厌离心。"

相传可以治病，州民生病，多来此焚香取土，煎汤服下，多有灵验。因为采挖的人多了，台座四周竟如同被车轮压过一般，出现深深的沟痕。五代后汉乾祐三年（950），天台山德韶禅师为之重建舍利塔，时人称之为"后善导塔"。

少康是一位净土教义的实践者，理论上没有什么著述，仅有《往生西方净土瑞应删传》（又称《净土瑞应传》）一卷，与文谂和尚合编。集录东晋慧远至唐代中期四十八名愿生西方者传记，记述简单，为我国研究净土教义的文献。

少康为弘扬净土宗献出了毕生的精力，立下了汗马功劳，他的修持方法出自善导大师，强调并突出念佛之法，不仅简便易行，而且容易为人们接受，便于推广。善导念佛口放光明，少康念佛出口化佛，他直接继承了善导的法门并更加弘扬而推广之，故后人称其为"后善导"，尊其为净土宗五祖。净土宗原来流行于中原地区，少康南下，净土之法亦随之南渐并东传日本。今杭州净慈寺（永明寺）即为净土宗寺院，其主持延寿大师为净土宗六祖。

少康大师在睦州民间有很大的影响，流传着许多关于他的神话传说，如北峰双井、半边鱼、平底螺等，一千多年来，这些故事在民间流传不衰，影响深远。但少康最大的贡献还是在于极大地普及了念佛之法，无论出家的僧尼还是在家的居士，见面都会双手合十，口称佛号，人们也早已习以为常。一种宗教法门能如此深入人心，走进普通百姓的生活，在中外宗教史上是不多见的。

据南宋《淳熙严州图经》记载，少康大师弘扬净土的道场在严州城东严东关的高峰山（北高峰）上。

乌龙山古道

睦州望云门外有一个下塔院,下塔院中有善导和尚塔。北宋建中靖国元年(1101),严州知州马玗到这里祈祷,十分灵验,就向朝廷报告,封少康为广道大师。

望云门即东门,东门外五里正是严东关。北宋大词人周邦彦曾应马玗太守之请作《敕赐唐二高僧师号记》,文中也提到这段内容。

因相传少康口吐十佛,高峰山的崖壁上还刻有十座石佛,北宋睦州知州吕希纯在《高峰庵》一诗中写道:

善导有遗踪,十佛从口吐。
岁久缺其三,尘埃谁复数。
佛寿倘能续,佛像谅可补。

绕山行道迹，会转坦无阻。

佛教居士杨次公也有诗记载其事：

东峰坛级石嵯峨，十佛随声信不讹。
后善导依前善导，今弥陀是古弥陀。
一心正受超三界，孤月澄辉照万波。
乘般若船游净域，度生还亦到娑婆。

史学大师范文澜先生曾对佛教在中国之所以能迅速传播并战胜中国本土的宗教道教作过十分精当的分析，范先生认为，佛教取得了成功的最大原因在于取得了民众的认可，有广大民众的参与，从而形成厚实的基础。佛教一传入中国，就十分注意与中国传统的汉文化尤其是儒家文化相结合，适应中国的国情。同时佛教注意到中国国民中文盲、半文盲占绝大多数，不断修改、发展原始的教义，使之适合中国的基本国情，创造出了为基本民众接受的口号和简便的修行方法。在佛教内部，仪式繁复、重个体超脱的小乘教为普度众生的大乘教所取代，在禅宗南北宗的竞争中，需要每日用功、"拂尘看净"、循序渐进的北宗及知识渊博的神秀和尚，不敌讲求顿悟、不读经、不礼佛、不立文字而佛在心中的烧火和尚慧能。这些历史事实表明，任何事情要想取得成功，都不能脱离当时当地的实际，中国佛教史上，与禅宗齐名的净土宗取得的成功，再一次证明了这一点。

佛教的宣传载体和普及形式，除了佛像和僧众以外，诵念佛经是一大内容。但佛教经籍浩瀚，门派众多，根本无法遍读，最便捷的修行方法是诵念佛号。在早期的小乘教义中，念佛只是十随念修行法中的一种，是为了进入和保持精神的专注状态，是一种禅定方法。后来在弥陀经典的阿弥陀佛四十八愿中提到，只要念出阿弥陀

第五章 一只大草鞋，挡住百万兵：严州高僧的故事

〔明〕吴伟《渔乐图》

建德梅城玉泉寺
少康大师墓

佛的名字，即可实现往生西方极乐净土的愿望。这就大大简化了念佛的方法。《阿弥陀经》说：如果有信佛的善男信女，每天念诵阿弥陀佛的佛号，常年坚持，那么他临终的时候，阿弥陀佛和西方诸佛都会出现在他的面前，接引他前往西方极乐世界。①

净土宗又称莲宗，创始人为东晋的慧远，主张"念佛为先"②，修行的法门就是诵念佛号。在倡导念佛修行这一法门上，少康作出了很大的贡献。少康专修称名念佛，只需念"南无阿弥陀佛"，或者干脆连"南无"也不要，只念"阿弥陀佛"四个字也可，简便易行，人人都会。只要念这四个字或六个字，就算皈依佛门，成为佛徒了，就能得到佛祖的庇佑，可以脱离苦海，往生净土。借助念佛之法的简便易行，佛教得到极大的普及。

① 《阿弥陀经》："若有善男子、善女人，闻说阿弥陀佛，执持名号，若一日、若二日、若三日、若四日、若五日、若六日、若七日，一心不乱，其人临命终时，阿弥陀佛与诸圣众，现在其前。是人终时，心不颠倒，即得往生阿弥陀佛极乐国土。"
② （晋）慧远：《念佛三昧诗集序》。

严州民间称少康大师为"少康和尚",少康是属于下层百姓的,他创立的念佛法至今仍在民间流传,并广播海内外。

一只大草鞋
为什么能够挡住百万黄巢军

《五灯会元》:"睦州陈尊宿,讳道明,江南陈氏之后也……后持戒精严,学通三藏……由是诸方归慕,咸以尊宿称……巢寇入境,师标大草屦于城门,巢欲弃之,竭力不能举。叹曰:'睦州有大圣人。'舍城而去,遂免扰攘。"

陈尊宿,俗名道明,法名道踪。晚唐时睦州(今浙江建德)人,尊宿是对他的尊称。佛教称德高为尊,年长为宿,尊宿是对年长而德高的僧人的尊称。严州民间又称他为道明和尚。

唐朝末年,政治黑暗;黄巢起义,天下大乱。僖宗乾符五年(878),黄巢起义军由长江、淮河进入浙江,抵达睦州城下,城中百姓十分恐慌。陈尊宿叫大家不要害怕,他自有退兵之法。他编织了一只很大的草鞋,叫人挂在城门上。黄巢率军来到,见城上并无军队把守,只有一只大草鞋悬挂在城门上,感到很奇怪,策马上前要将草鞋取下来,但使尽全身之力也拿不动,不由叹道:"睦州城内必有大圣人,我们走吧!"于是退兵而去,城中百姓因此避免了一场劫难。至今睦州州城(今梅城)西门外仍有屯军山,相传为黄巢屯兵之处。这件事在佛教典籍《五灯会元》和南宋《淳熙严州图经》中都有记载,只不过《淳熙严州图经》将故事发生的地点移到了睦州城西四十里的黄饶而已[①]。

挂大草屦以吓退敌军的做法,和禅宗一桩著名的公案有关。相传禅宗的创立者达摩祖师死后葬于熊耳山,

① 《淳熙严州图经》卷二《建德县》:"黄饶距城四十里,相传黄巢为乱,欲过郡时,陈尊宿在城中,语郡人曰:'勿忧。'乃织大草屦置之城西三十里外木杪。贼至,视之,曰:'彼有人焉。'遂出境。后因(黄饶)名其地,言为黄巢所饶,盖俗语也。"

但是东魏使臣宋云在从西域回国的路上碰到了他,他手上提了一只鞋。宋云并不知他已死,回国向魏孝静帝汇报此事,魏帝不信,派人掘墓开棺,果然不见尸体,只有一只鞋子。挂大草鞋实际上是一种形象语言,就是对外宣称这里有禅宗高僧在此。陈尊宿用这样的形式告知黄巢,使睦州百姓免去了一场灾难。类似的故事寿昌也发生过。比起《五灯会元》来,《淳熙严州图经》的说法少了那些神秘玄幻的色彩,比较平实可信。

陈尊宿是睦州州城(今建德梅城)人,是南朝最后一个王朝陈朝王室的后裔。据说他出生的时候红光满室,祥云盖空,旬日方散。生下来时,双目有重瞳(两个瞳孔),面列七星,相貌奇特,与众不同。年幼时往城西开元寺拜佛,看见僧人,很有亲切感,回家禀告父母,愿意出家,父母见他意志坚决,也就同意了。

陈尊宿出家后,专心攻读佛家经典,戒律精严,学通三藏(经藏、律藏、论藏,也指佛教的全部典籍),掌握了渊博的佛学知识。后来云游到江西黄檗山,被方丈希运禅师辟为首座。他在黄檗山受到很大的启发,深有教益,回到睦州后,被信徒请往城东高峰山观音院,住了几十年,前来求教的人越来越多,无论什么疑难问题,他都能回答。其语言含蓄峻险,不为平常用语,常人难以理解,往往认为他在说些莫名其妙的话,反而常常嗤笑他,他也不以为意,只有学识玄深者十分佩服他。于是四方之人都十分仰慕,尊敬地称他为"尊宿"。后来,来到开元寺,编织蒲鞋出卖,用以供养老母,故而人们又称他为"陈蒲鞋"。开元寺就在州衙西侧不远,宋时香火仍盛,陆游严州《述怀》诗有"是凡是圣谁能测,试问西邻织屦翁"之句,写的就是陈尊宿的事迹。[①]

陈尊宿是佛教禅宗南顿派中的重要人物,曾经给了

① 诗下原注:"禅家所谓'睦州陈蒲鞋'者,故居在郡治之西二百步。"

山高水长严州府

HANG ZHOU

〔元〕黄公望《富春大岭图》

云门宗的创始人文偃和临济宗的创始人义玄很大的启示。他敢于呵佛骂祖。人问他拜不拜佛，他答道："拜那土堆干什么？"他主张"真如解脱，即心即佛"。只要心中信佛，可以免去一切礼佛的形式。文偃曾亲往睦州开元寺拜访陈尊宿，领悟他的机锋，回去后开创了禅宗的新门派云门宗。

"透过睦州关，乾坤一只眼。"[1]陈尊宿学识十分精深渊博，他虽然没有开创过佛教门派，但在禅林中威望很高，前往睦州拜访求教的人极多，以至在佛教界，"睦州"竟成为陈尊宿的别名。北宋睦州知州吕希纯在《陈尊宿庵》一诗中，对陈尊宿的贡献有很高的评价：

尊宿芳名盛，庵岩迹未颓。
织蒲随日用，儋版唤人回。
临济亲推出，云门手托开。
于今两禅派，俱自睦州来。

禅宗是对中国影响很大，后来又分成南北二宗，南宗又发展出五家七宗，即曹洞、云门、法眼、沩仰、临济五家，加上从临济宗中分化出来的黄龙、杨岐二派，合称"五家七宗"。禅宗自南北朝创立，一直延续至今，并东传高丽、日本，成为一门国际性的佛教宗派。在禅宗南派五家七宗的演变产生过程中，睦州高僧陈尊宿起到了重要的作用。

陈尊宿一心向佛，十分长寿，活到九十八岁才逝世。临终时，他将门人召到面前，说："我在人世间的缘分已尽，我要走了。"双足跏趺而逝，十分安详。睦州百姓用香木火化了他的肉身，得到舍利子无数。人们将他的遗骨（舍利子）收拾好，葬于塔墓，并塑了他的遗像，建尊宿庵以供奉。北宋哲宗元符三年（1100），睦州知

[1] 〔宋〕释过卓《睦州担板》。

山高水长严州府

HANG ZHOU

〔明〕董其昌《和靖诗意图》

168

州马玗向朝廷上表，请封赠陈尊宿为悟空禅师。次年三月，州城举行盛大的法会庆祝，老百姓都出来看热闹，僧俗人等，齐聚寺院，盛况空前，大词人周邦彦还专门作文纪念。

第六章
"宋公明大战乌龙岭":古典文学名著与严州

"陈经济陷落严州府"：
从《金瓶梅》中的严州府说起

《水浒传》之《卢俊义分兵歙州道，宋公明大战乌龙岭》："宋江调兵，水陆并进，直到乌龙岭下，过岭便是睦州……那乌龙关隘，正靠长江，山峻水急，上立关防，下排战舰。"

二十世纪八十年代以来，中国大陆的"文化热"一波接一波，后浪超前浪，争抢历史名人、名胜的举动层出不穷，而且招数越出越奇，连下三滥的"淫棍"西门庆都有人争抢，实在是文化界的悲哀！而与中国文学史上多部文学名著有关的山城严州却并未引起人们的注意，实在是文化人的失责，严州人的疏忽。

古典文学名著不仅能给人带来心灵上的愉悦，还能给人以人生道路的启示，对人的影响十分深远。鲁迅幼年读《山海经》，读《三国演义》，把其中的插图描画下来，成为幼时读书的乐趣，直到晚年时仍然印象深刻，被他深情地写进《朝花拾夕》一书中，读了令人难忘。

余生也晚，未赶上读私塾，更无缘进三味书屋，但茶馆酒店的"大书"却是常常去听的——当然是站在门外的大街上"听白书"，许多古典文学的启蒙就是从这里开始的，梁山上的好汉，三国中的英雄，行侠仗义的侠客，封神榜中的神仙等等，勾起了儿时多少遐想，也幻想着做一做打虎的英雄武松、长坂坡上的赵子龙以及当阳桥上的张翼德。

记得小时候,有一个在我家干活的师傅(其时手工业已经合作化了,严东关成立了合作小组,工场就设在我家里),曾摸着我的头问我:"你知道水泊梁山在哪里吗?喏——就在我们对面!"他用手指着被兰江和富春江环抱的东关对岸的山头说:"你看,那不是八百里水泊梁山吗?"这个义乌师傅是不识字的手艺人,他的《水浒》故事全是从茶馆酒店听来的,他那肯定的口气使我疑惑了多年:水泊梁山,书上不是明明说在山东吗,怎么会跑到建德来呢?说它不是,但又是那么相像,简直和书上描写的一模一样!甚至连朱贵接引好汉入伙的酒店都有——严东关街上茶馆、酒店多的是!后来,虽然我明白了这不过是他的信口胡诌,但这位不识字的手艺人却无意中道破了一个艺术的抽象规律,即艺术的典型化。还原到生活中的艺术就是那么朴素、简单,但又是那样的生动活泼、那样的有血有肉,这实在是值得时下那些满嘴新名词的"理论家"们好好反思一下的。

随着阅历的增长和读书的增多,我发现自己的家乡真的和水泊梁山有关系,而且被写进了《水浒传》中——这已是改革开放以后的事了,因为先前我能读到的《水浒传》都是被金圣叹掐头去尾的七十一回本,这种本子没有征辽和平方腊的后五十回。

据我有限的读书知识,我的家乡至少被大作家们写进了《三国演义》《水浒传》《金瓶梅》和《官场现形记》这几部古典文学名著之中。

1.《金瓶梅》与严州

《金瓶梅》是中国古典文学史上第一部由文人独立创作,并以普通市民为主人公、以市井细民的日常生活为主要内容的长篇小说。《金瓶梅》写了北宋末年山东清河县破落户子弟西门庆勾结官府，贿赂当朝，称霸一方，荒淫无耻的一生。《金瓶梅》全面地反映了当时的社会生活，是研究明末政治、经济、文化的极好资料，后人对其评价极高。鲁迅先生称其为反映明代社会的"世情书"，"变幻之情，随在显见；同时说部，无以上之"，给予了很高的评价。《金瓶梅》在中国文学史上有着很高的地位，后出的《红楼梦》受其影响很大。但因为书中夹杂着大量自然主义的描写，尤其是对男女主人公淫乱生活的描写，使得这部书成为古代白话小说中淫秽小说的代表，屡遭禁毁，中华人民共和国成立后，更列为头号禁书。改革开放后，《金瓶梅》逐步开禁，各地相继出版了一些经过删节的"洁本"，以满足读者的需求。

《金瓶梅》写到严州的这回书是《陈敬济陷落严州府，吴月娘大闹授官厅》这一回，说的是西门庆死后，潘金

《金瓶梅》插图

莲被武松所杀，家中树倒猢狲散，一片败落。西门庆的女婿陈敬济原是个与他丈人一样的货色，因为没有依靠，听说老相好孟玉楼嫁给了李知县的公子李衙内，这李知县近年又升任浙江严州府通判，孟玉楼走时掳走了当朝大奸臣杨戬存放在西门庆家中的许多金银财宝——都是赃物，陈敬济此时已十分潦倒，极想得到这批财物，甚至还幻想孟玉楼能念旧情跟他回家，重温旧梦。书中表道，这陈敬济从山东临清"取路径到严州府，进入城内，投在寺中安下"，就去找李衙内和孟玉楼，谁知竟被孟玉楼夫妇设计栽赃陷害，被当作盗库银的窃贼抓了起来，打入大牢，险些送了性命。幸好严州知府徐崶"极是个清廉刚正之人"，怀疑此中有冤情，派人扮作犯人，到牢中探得实情，将他释放，这才捡得一条命回来。

这回书虽然文字不是很长，没有对严州府展开全面的描写，但也可以从一些片段中看出当年的一些光景。如陈敬济离船上岸后，"不敢怠慢，买了四盘礼物，四匹绫丝尺头，两坛酒"，前去府衙送礼。写李通判上任，"领凭起身，打水路赴任去了"，可以看出严州就在水路边上。这回书中还有一首证诗，写得十分诙谐有趣，很有些调侃的味道，不妨抄下来与大家共赏。诗云：

赶到严州访玉人，人心难忖似石沉。
侯门一旦深似海，从此萧郎落陷坑。

《金瓶梅》书前落款为"兰陵笑笑生"，但这个"笑笑生"究竟是谁，兰陵又究竟在何处，一直未有定论。现在学术界主要有李渔、屠隆等人之说。绍兴有人著文称笑笑生为明人徐渭，兰陵为兰亭即绍兴。吾乡不凡先生从书中的方言、风俗和器物名称等入手，认为作者应是严州一带人，当然也仅备一说，只是作为严州人，我们格外关注而已。

2.《水浒传》与严州

1998年，随着电视连续剧《水浒传》的播出，全国上下掀起了一股"水浒热"，无锡太湖边的"水浒城"游客猛增，摩肩接踵，门庭若市，大大地火了一把，发足了"水浒财"，着实让人眼红。"大战乌龙岭"是发生在严州的故事，是宋江平方腊中的一场重头戏，整整占了两集。银幕上，但见陡峭的乌龙岭上檑木、滑车如雨点般打将下来，岭下的梁山好汉们一个个血肉横飞，悲壮惨烈。这一仗折了梁山十二条好汉：玉幡竿孟康、立地太岁阮小二、两头蛇解珍、双尾蝎解宝、矮脚虎王英、一丈青扈三娘、八臂哪吒项充、飞天大圣李衮、铁笛仙马麟、锦毛虎燕顺、小温侯吕方和赛仁贵郭盛。

《水浒传》中写到严州（当时还叫睦州，平定方腊后才改为严州）的故事有三个回目，即《卢俊义兵分歙州道，宋公明大战乌龙岭》《睦州城箭射邓元觉，乌龙岭神助宋公明》《卢俊义大战昱岭关，宋公明智取清溪洞》。书中说，宋江破了杭州城以后，"过了数十日，张招讨差人赍文书来，催促先锋进兵"，宋江和吴用、卢俊义商议："此去睦州，沿江直抵贼巢；此去歙州，却从昱岭关小路而去。今从此处分兵进剿。"宋江与卢俊义两人抓阄分方向，结果宋江得睦州，卢俊义得歙州。宋江"带领（步兵）正偏将佐三十六员，攻取睦州乌龙岭"，另有"水军头领正偏将七员，部领船只，随军征进睦州"。

书中详细描写了宋江兵从七里泷和乌龙岭水陆两路攻打"南兵"重镇睦州城的经过，万松林、乌龙庙一段写得尤其传神，连乌龙神邵俊的出处故事都讲得分毫不差，"直到如今，严州北门外，有乌龙大王庙，亦名万松林，古迹尚存"。乌龙庙的确"古迹尚存"，连乌龙

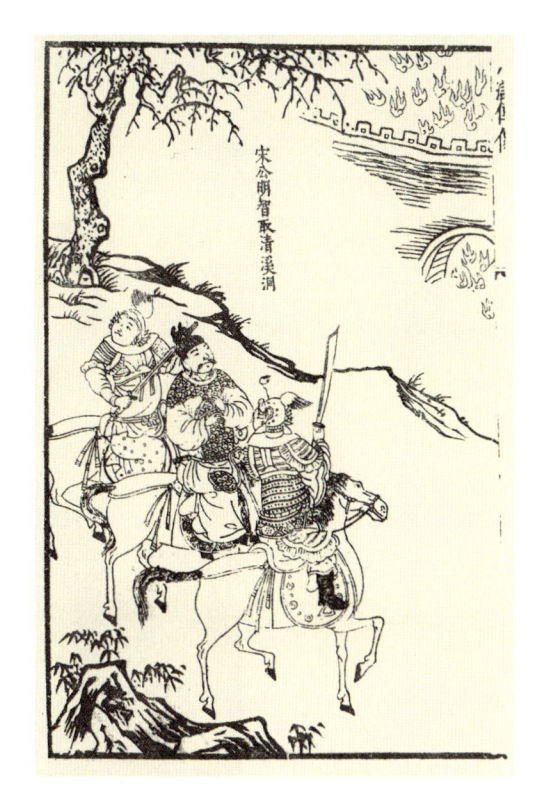

《水浒》插图

《水浒》插图

第六章 "宋公明大战乌龙岭"：古典文学名著与严州

山高水长严州府

HANG ZHOU

张大千《桐江七里泷》

大帝神座下的古井也还是好好的。万松林则是民国时期建德林场的场部所在，松涛阵阵，碧浪层层，令人生思古之幽情。

经过学者们多年的研究考证，认为《水浒传》作者施耐庵是杭州人，证据当然很多，最重要的证据就是最早的《水浒传》刻本嘉靖本上的署名就是"钱塘施耐庵"。钱塘者，杭州也。钱塘是杭州府的两个直辖县仁和县、钱塘县之一，钱塘即为杭州。施耐庵曾做过张士诚的幕僚，他的好友鲁渊是严州青溪（今淳安）县人。施耐庵似乎对钱塘江上游的地理情况不太熟，把七里泷写成了七里湾，而且放在了富阳的下游；乌龙岭则从严州城的西北面挪到东面严东关（书中称为东管）的边上，"过乌龙岭去便是东管，取睦州不远，便到北门，却转过西门，便是乌龙岭"，方位混乱，看来可能是全凭好友鲁渊口传，弄混了方向。但若将前一个"乌龙岭"换成东关下游的乌石关，方向就顺了；也有可能是当年缮抄刻印时发生了错误，未能及时校正之故。

乌石关为古代水关，在七里泷上游乌石滩，乃七里泷的上泷口，江面到这里骤然收窄，两岸青山如门，滩浅水急，形势十分险峻，阮小二等"从急流下水，摇上滩去"，被方腊水军放火排"望下滩顺风冲将下来"，与乌石关口的形势丝毫不差。

"平方腊"这段故事的原型取材于李文忠守严的战事。施耐庵是钱塘（杭州）人，又做过张士诚的幕僚，对这段战事十分熟悉，于是在创作《水浒传》时将之移植到了宋江的头上，大战乌龙岭，大战乌石关，经东关进出睦州，都实有其事，因此睦州之役才能写得如此活灵活现。

3.《三国演义》与严州

　　《三国演义》被金圣叹评为"第一才子书",名冠古今,其中虽然没有写到发生在严州的故事,但却写了建德人的老祖宗建德侯孙韶,而且写得十分传神。写到孙韶的这回书为第八十六回《难张温秦宓呈天辩,破曹丕徐盛用火攻》。书中写到魏主曹丕发水陆军马三十余万,御驾亲征,杀奔东吴,要报其父曹操兵败赤壁之仇。鉴于魏兵势大,东吴统帅徐盛定下了凭借长江天险,以守为攻的战略,这是比较稳妥的做法,可以确保东吴的安全。可是年少气盛的孙韶却主张在曹兵必经之处设伏,主动出战迎敌,杀其不备,可以大获全胜。徐盛主意已定,没有采纳他的意见。孙韶见主帅不从,竟然不顾军令,私自"引本部三千精兵,潜地过江"去了。公开违抗军令,是要斩首的,事态将如何发展,紧紧地抓住了读者的心,故事就在这样的悬念中展开了。

《三国演义》插图

孙韶此举，虽属冒险，却也成竹在胸。因为他在江北镇守多年，熟悉当地的地形，料定魏兵因天寒必不能持久，很快就会退兵，在其必经之地淮口设伏，以逸待劳，以少胜多，必能取得战役的胜利。事实真如孙韶所料，魏兵"回军"时果然由江入淮，孙韶的伏兵一举杀出，"魏兵不能抵挡，折其大半，淹死者无数"；又遇老将丁奉，折了大将张辽，"孙韶、丁奉夺得马匹、车仗、船只、器械，不计其数，魏兵大败而回"，为战胜魏国的进攻起了关键的作用。

罗贯中在这回书中极力渲染孙韶"年幼负气，极有胆勇"的性格。他反对单纯防御，主张主动出击，当面顶撞主师徐盛，"吾愿自去江北，与曹丕决一死战，如不胜，甘当军令"，惹得徐盛火起，以违抗军令的罪名将他推出辕门斩首，幸好孙权飞马赶来救下。孙韶向孙权哭诉："臣往年在广陵，深知地利，不就那里与曹丕厮杀，直待他下了长江，东吴指日休矣！"说的不是没有道理。孙韶曾向徐盛提出建议，但是未被采纳，一个"只是不肯"，一个却"再三要行"，后来孙韶终究还是"潜地过江去"了。不长的篇幅，将孙韶写得有棱有角，性格鲜明，虎虎有生气。

《三国演义》将孙韶称为孙策的义子，曾借孙权之口加以表述。当孙韶违令将斩，孙权赶来相救，徐盛以军法"乃国家之典刑也，若以亲而免之，何以令众"为由，不肯赦免孙韶时，孙权不得已，将亡兄孙策搬了出来："奈此子是伯海亲侄，少亡其父，依傍伯海养之。本姓俞氏，然孤兄（策）甚爱之，赐姓孙，于孤颇有劳绩。今若杀之，负兄之义，又灭绝俞门之后。"孙权这段话完全可以与史书相印证。如今孙韶后裔犹存，他们仍然生活在建德梅城西南的马目山下，聚族而居，名曰"孙家"。孙家1700多年的历史得以完整地延续至今，文学名著的描述

181

可以与历史与现实相映衬，这在中国历史上也是很少见的吧。

4.《官场现形记》与严州

《官场现形记》是清末"谴责小说"（鲁迅语）的代表作，作者是自称"南亭亭长"的江苏武进（今属常熟）人李伯元。在 2000 年人民文学出版社组织评选的二十世纪 100 部优秀中文文学图书中，《官场现形记》名列前茅。

《官场现形记》全书共 60 回，约 70 万字，却用了七回书八万多字来为严州官场"现形"，约占全书总量的八分之一，形象地展现了清末严州社会的立体图景。

这七回书写的是浙江统领胡化若（谐音"无话说""胡话说"）奉令带兵前往严州"剿匪"的过程。书中交代，"浙东严州一带地方，时常有土匪作乱，抗官拒捕，打家劫舍，甚不安静"，还着重提到，"这班土匪正在桐庐一带啸聚"（第十二回《设陷阱借刀杀人，割靴腰隔船吃醋》）。

奉命征剿的省城官兵，从杭州候潮门外上船，原本只消两天的水路，却足足走了七天，而且因为迷恋船妓，带兵的胡统领将官船当作行营，一直不肯上岸。统兵的将佐和帮办的幕僚在船上狎妓、赌钱、吃花酒，甚至于偷盗、争风吃醋，闹得乌烟瘴气。到了严州地面，因为确实没有强盗，但为了邀功请赏，竟然将良家百姓指为盗贼，杀人放火，奸淫掳掠，闹得鸡犬不宁。统兵的胡化若原本怕土匪"割了他的头去"，及至听说没有土匪，胆子便大了起来，要"阔他一阔，出个十成队，叫人家看着热闹热闹"（第十四回《剿土匪鱼龙曼衍，开保案鸡犬飞升》）。一个叫作柏铜士（谐音"不懂事"）的都司因为报告了实情，扫了胡统领的兴头，被推下去打了二百军棍。"胡统领又急急地横在铺上吸了二十四筒鸦片烟,把瘾过足",这才传令进兵,"只见五颜六色的旗子,迎风招展,挖云镶边的号挂,映日争辉"(第十四回),摆足了威风。无奈找不到"土匪",倒把良民百姓吓得"东逃西走,十室九空",胡化若却"疑心他们都是土匪,大兵一到,一齐逃走,定要拿火烧他们的房子,这话才传下去,不到一刻,前面先锋大队都得了信,一齐纵容兵丁搜掠抢劫起来。甚至洗灭村庄,奸淫妇女,无所不至"。就是这样一班真正的强盗,还要夸大"匪情",虚报粮饷,冒领功劳。只因为与地方官分赃不匀,引起内讧,直到地方"绅士"魏翘(字竹冈,即"会敲竹杠"也)通过京城表兄内线上告,惊动了"老佛爷"(影射慈禧太后),派了钦差前来查办为止。谁知这位钦差也是一个贪官,只因上司见他"苦了这多少年,如今派了他去,也好叫他捞回两个"。书中揭露官场的腐败黑暗,从绿营军队到地方政府,从府县基层到京都部堂,"上下俱是一样"。还借老佛爷的口说:"通天底下一十八省,哪里来的清官?只是御史不说,我也装糊涂罢了。"(第十八回《颂德政大令挖腰包,查参案随员卖关节》)这个统兵征剿百姓的胡化若,他的统领官职就是"弄了京里什么大帽子信得来的",因此要疯狂地去捞回来。

〔清〕金农
《梅花图》

语言生动是《官场现形记》的一大特色。如果说《三国演义》《水浒传》和《金瓶梅》三部古典小说因为成书于明代，语言与当今相隔四百多年而多少有些"隔阂"的话，那么成书于二十世纪初的《官场现形记》读来就与时下的小说差不多了。其中有许多严州人至今还在使用的方言，如"海外"（威风、富有），"果真"（当真），"作兴"（时兴、讲究），"推板"（差劲），"世界"（社会），"成功"（妥当、合适），"顿"（待，如"顿在家里""顿几天"），"闹热"（热闹），"特特为为"（特地），"料理"（做、干，如"料理这样料理那样"），"落不下"（下不去），"一斩齐"（整齐），"尽够"（足够），"有在里头"（包括在内，意为够了、合算），"敲边敲"（侧面进言），"戴炭篓子"（戴高帽、奉承、拍马）等等。这些方言有的现在已不大用了，但仍然能听得懂，因此严州人读来特别有兴味。

　　李伯元在书中描写的严州故事，是有生活原型的。清朝同治（1862—1874）以来，严州一代的"棚民"确实进行过暴动。但所谓"在桐庐一带啸聚"的"土匪"却并非棚民，而是常年在建德、桐庐交界的七里泷两岸山中砍柴烧炭的"刀工"，而且是一些卖苦力的穷苦百姓，而不是什么土匪。这些刀工大多来自丽水缙云山区，为穷困所迫，抛家别舍，背井离乡，常年在外做苦力，所得甚微，且常常拿不到手。刀工们团结性很强，而且也十分彪悍，常被地方官绅利用来参加宗族、地方之间的械斗，但他们从不会主动骚扰人家。"抗官拒捕"或许有之，"打家劫舍"却从不曾为。清末前后，七里泷的烧炭刀工确实闹过事，但这是为了保护自己正当的权益，向东家要回应得的工钱而已，这一点，在《民国建德县志》和蒋治（1910—1940）烈士的有关诗文中都有所表述。

　　以上所举数例，不过是从寻常熟见的书中抬来，只是茫茫书海中之一小部分而已，而且仅限于文言长篇小说，"三言两拍"等文言短篇小说和其它文学名著中尚有不少严州的故事，限于体例和篇幅，不能一一罗列。同时，以中国典籍之浩繁，囿于见闻，未曾涉及者不知凡几，但仅此数例已足见严州在中国文学史上的地位。这些发生在严州的故事，被作家们写入文学名著之中，形成了文学史上独有的"严州现象"。

文学作品是社会生活的反映，透过明清小说中描述的严州故事，可以探讨其背后蕴藏的社会秘密；同时，文学史上的"严州现象"也反映了文学史本身的发展规律，对于这些问题，都应该引起有关方面的重视，开展深入的研究。

严州之所以与这么多古典文学名著有关，与它的经济、文化、地位分不开。南宋迁都临安（今杭州）之后，政治中心南移，江南经济发展的步伐进一步加快，严州为临安上游门户，水运繁忙，商贾云集，成为钱塘江中游的水运枢纽、商贸重镇和文化中心。明清两代，严州仍然保持着快速发展的态势，其在浙江的地位一直紧随省会杭州之后，乃浙江省第二个大州府。明清时期全国两大商贸帮之一的徽商，正是凭借严州府这块水运跳板走向浙江、走向全国的。发达的交通带来了经济的繁荣，经济的繁荣又促进了文化的发展，商贾上下，物流东西，文人骚客，风霜逆旅，产生了无比丰富的可以入书的素材，形成了多少动人的故事，因此，严州才能与这么多文学名著结缘。

"先生之风，山高水长"：
范仲淹写《严先生祠堂记》

范仲淹《与邵餗先生书》："郡有严陵钓台，思其人，咏其风，毅然知肥遁之可尚矣。能使贪夫廉，懦夫立，则是大有功于名教也。构堂而祠之，又为之记，聊以辨严子之心，决千古之疑。"

《古文观止》是清代康熙年间吴楚材、吴调侯叔侄俩编选的一部古代散文集。"观止"有到此为止的意思，代表着最高水平。《古文观止》所收都是历代名篇，其中收了范仲淹两篇文章：一篇是《岳阳楼记》，其中"先天下之忧而忧，后天下之乐而乐"的名言为天下人广为传颂；还有一篇是写于睦州的《严先生祠堂记》，"云山苍苍，江水泱泱。先生之风，山高水长"这一名句就出自这篇名文之中。范仲淹年轻时就有志于天下，上学读书时就经常念叨说："读书人承担忧患应当在天下人之先，而享受安乐必须在天下人之后。"[①]先忧后乐是他为人的处世准则，无论他走到哪里，也无论职务高低、处境好坏，他都以此标准要求自己、勉励自己，在短暂的睦州生涯中也是一样，他在睦州留下的诗文和足迹无不闪耀着先忧后乐的仁者的光辉，成为留给严州人民的一笔珍贵的文化遗产。

宋仁宗景祐元年（1034），四十六岁的范仲淹从京城开封贬任睦州知州，这位在皇帝身边担当批评建议重任的右司谏，是因为反对皇帝废黜郭皇后而被贬出京城的。春初从京城汴梁（开封）出发，由汴水经颍淮入运河南下，路上走了整整三个多月，直到四月十六日方才

[①]〔宋〕欧阳修《范文正公神道碑铭》："常自诵曰：'士当先天下之忧而忧，后天下之乐而乐也。'"

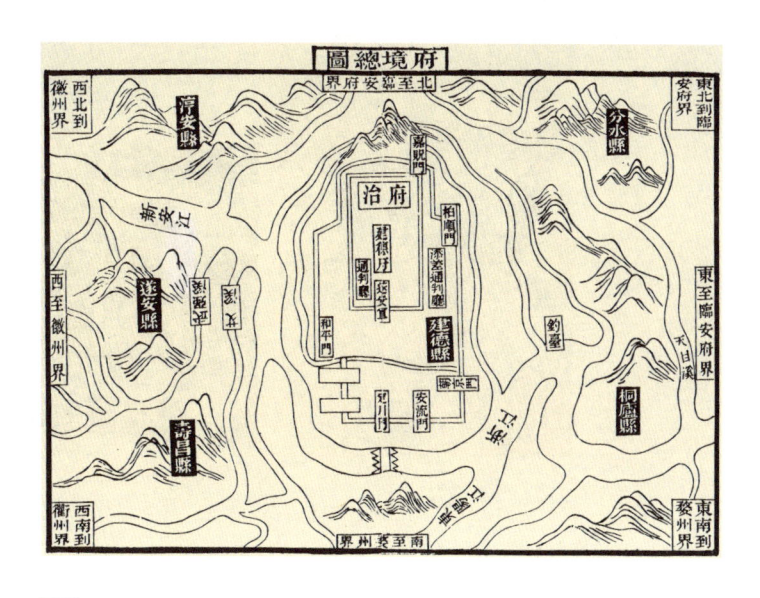

南宋严州府境全图（杭州市档案馆提供）

抵达睦州城（今梅城古镇）下，一路上历尽风波险阻。有感于此，沿途写了不少诗，有《谪守睦州作》《赴桐庐郡淮上遇风三首》《出守桐庐郡道中十绝》等。

到任后，范仲淹抓的第一件事就是办教育。他在孔庙中大兴土木，修建校舍，这在严州历史上还是第一次。然后召集青年学子们讲话，鼓励他们用功读书，并且要注意学习方法，既要博览群书，有比较广的知识面，又要根据自身的条件，确立专精的方向，这样才能成为有用之才。

接着，范仲淹又做了一件在严州历史上影响十分深远的事：兴建严先生祠堂。严先生即严子陵，东汉初年人，年轻时与汉光武帝刘秀同游学，才高名重，曾拒绝新朝王莽的聘召，坚守气节，隐居不出。刘秀登基后，需要一批节操之士为新政权的社会风气做榜样，下诏征聘名

范仲淹

桐庐范仲淹纪念馆

高德重的民间人士。严子陵名望高,是必聘之人,经过三次往返,才被宝马安车请到京城,但是他坚决不肯做官,又回归民间,来到钱塘江上游山清水秀的七里泷富春山隐居。多年后,刘秀又一次屈尊聘请,但严子陵始终没有出山,高卧不起,终老山中。严子陵以寂寞和清贫为代价,保持住了自己独立的人格和自由的思想,刘秀也没有以皇帝之威相迫,而是尊重一介布衣书生的独立人格,表现出难得的大度!千百年来,严子陵的独立人格受到了无数人的赞美和仰慕,尤其是知识分子的推崇,将他视作人生的楷模。

范仲淹因为忠言进谏而得罪了皇帝,被贬谪到这江南偏僻的州郡来,无异于流放。对比尊重知识分子的光武帝刘秀,当朝皇帝何其缺乏雅量!范仲淹对此深有感触。他从君臣(或曰"君民")关系着笔,带着感慨和期盼的复杂感情写下了千古名文《严先生祠堂记》:

先生,汉光武之故人也,相尚以道。及帝握赤符,乘六龙,得圣人之时,臣妾亿兆,天下孰加焉,惟先生以节高之。既而动星象，归江湖，得圣人之清，泥涂轩冕，天下孰加焉，惟光武以礼下之。

在《蛊》之上九，众方有为，而独"不事王侯，高尚其事"，先生以之；在《屯》之初九，阳德方亨，而能"以贵下贱，大得民也"，光武以之。盖先生之心，出乎日月之上；光武之器，包乎天地之外。微先生不能成光武之大，微光武岂能遂先生之高哉！而使贪夫廉，懦夫立，是大有功于名教也。

某来守是邦，始构堂而奠焉，乃复其为后者四家，以奉祠事。又从而歌曰：云山苍苍，江水泱泱。先生之风，山高水长！

全文包含了丰富的层次和深厚的内容，有抑有扬。先说皇帝之尊：天下人都是皇帝的奴仆，没有比皇帝更尊贵的了（"臣妾亿兆，天下孰加"），然而严先生却以自己高尚的气节超过了皇帝的权威；又说严先生秉持圣人般的清高，视高官厚禄如粪土，天下又有几个人能够做得到呢（"得圣人之清，泥涂轩冕，天下孰加"），而光武以礼下之。两两对比，先抑后扬，层层递进。再以先生之心与光武之器量进行对比，一出乎日月之上，一包乎天地之外；最后以"微先生不能成光武之大，微光武岂能遂先生之高哉"点出主题，虽然个中不乏舒发愤懑之意，但最后还是归结到"使贪夫廉，懦夫立"这一儒家的社会理想上来。

据范仲淹自己说，他写作此文是用以探索严先生那颗高尚的心灵，以澄清千古以来的疑问，还严先生以真面目。[1]看来，对严子陵归隐富春山起，争论就开始了，或褒或贬，见仁见智，但大都未搔到痒处，不知"严子之心"也。范公此文顾及主客双方，比较全面，也比较

[1]（宋）范仲淹《与邵㴩先生书》："……辨严子之心，决千古之疑。"

客观，且立意之高，古今罕有比肩者。

文章写好，范仲淹拟刻石建碑，立于祠堂之中，他写信给著名书法家邵铼，请其书写碑文，并特地派人将信专程送去。又派州郡从事章岷前往七里泷严子陵钓台择地建构祠堂；聘请会稽（今浙江绍兴）画僧悦躬前来描画严子陵先生肖像。建祠之事从策划到落成，从硬件到软件，范仲淹全谋划好了，并一一落实。从这件事情的经过始末可以看出范公行事的周到与干练。

在睦州（包括赴睦州途中），范公写下的诗歌作品达四十六首之多。他以戴罪之身赴睦州，但诗作中却少有怨望之情，反而屡见仁厚之心，推己及人，体谅别人，显露了一位儒者的仁爱之风。如《赴桐庐郡淮上遇风三首》之第二、第三两首：

妻子休相咎，劳生险自多。
商人岂有罪，同我在风波。

一棹危于叶，旁观亦损神。
他时在平地，无忽险中人。

他在第二首中写道，自己得罪了皇帝，却连累妻子儿女历尽风波险阻，一起受罪；这还不算，同船的商人也和我一起受罪，他们可是无辜的呀！第三首更绝，处于风波之中却想到平安之后，不能忘记今日之险。

他还写了《潇洒桐庐郡十绝》。《潇洒桐庐郡十绝》是一首组诗，由十首五言绝句组成，每首均以"潇洒桐庐郡"一句开头，系统地描画了睦州山城的潇洒风光，也写出了自己的感受。其中有许多美好的画面，试看这三首：

潇洒桐庐郡,家家竹隐泉。
令人思杜牧,无处不潺湲。

潇洒桐庐郡,春山半是茶。
新雷还好事,惊起雨前芽。

潇洒桐庐郡,千家起画楼。
相呼采莲去,笑上木兰舟。

读着美好的诗句,千年前的山乡风光,如在眼前。

范仲淹在睦州还创作了两首长诗:《和章岷从事斗茶歌》(简称《斗茶歌》)和《和葛闳寺丞接花歌》(简称《接花歌》)。前者是茶诗中的名作,后者则可视作《琵琶行》的姊妹篇,是宋代的《琵琶行》。斗茶是宋代流行的一种品茶方式,从色、香、味各个角度品评,以比较优劣,流行于士大夫之间,是一种文化品位很高的活动,也是茶道文化的重要内容。据宋江休复《江邻几杂志》记载:苏轼曾经和蔡襄斗茶,苏轼的茶没有蔡襄的好,蔡襄又用无锡惠山的泉水煎煮,明显占了上风;幸好苏轼采用竹叶上的露水煎茶,这才反败为胜。[①]宋代时的制茶工艺是将茶叶捣碎揉成茶饼,谓之"团茶",团茶是无法冲泡的,茶汤须用锅煮,谓之"煎茶"。如今的冲泡法是在改进了茶叶制作工艺后才发明的方法。斗茶不仅对茶叶和用水十分讲究,对于煎茶的用具、饮茶的茶具甚至烧火的木柴的质地都有讲究,实在也是一种"贵族游戏"。茶叶先要研磨,然后入锅煎煮,观察茶汤所起的泡沫,一看二闻三品,极有讲究。《斗茶歌》从采茶写起,次制茶,再煎茶,一直写到饮茶后的感受,辞藻华丽,比喻形象,极富感染力,如"黄金碾畔绿尘飞,紫玉瓯心雪涛起",写碾茶、煎茶,"胜若登仙不可攀,输同降将无穷耻",写斗茶后输赢双方的不同感受,实

[①] 〔宋〕江休复《江邻几杂志》:"苏才翁尝与蔡君谟斗茶,蔡茶水用惠山泉,苏茶小劣,改用竹沥煎,遂能取胜。"

山高水长严州府

HANGZHOU

吴茀之《偶忆桐庐》

在是宋代斗茶活动的艺术再现。睦州本是全国知名的名茶产地，从诗中的描写，我们似乎可以看到当年睦州斗茶活动的影子。

《接花歌》通过对一个京城花匠不幸遭遇的描写，抒发胸中的不平和怨愤。花匠原为东都少年，因为花种得好，被选作"琼林苑中吏"，专为宫中栽花，得到了君王的欢心，一时间赏赐无数，"白银红锦满牙床，拜赐仗前生羽翼"。但乐极生悲，不知得罪了哪路神仙，顿时沦为阶下囚，被充军发配到睦州山城，充当看城门的老卒："窜来江外知几年，骨肉无音雁空度。北人情况异南人，潇洒溪山苦无趣。子规啼处血为花，黄梅熟时雨如雾。"守关老卒的不幸遭遇引起了睦州太守深深的同情和共鸣："我闻此语聊悒悒……悠悠天地胡能执？"全诗感慨深沉，充满人间酸甜况味，悲欢离合，尽流笔下，与白居易的名作《琵琶行》有异代同工之妙，著称《琵琶行》的姊妹篇。

写于睦州的《与晏尚书书》是范公文集中的名篇，也是历代尺牍中的佳作。晏殊十分赞赏范仲淹的品行和才干，范仲淹抵睦后，即给晏殊写信，信是这样写的：

> 郡之山川，接于新定，谁谓幽遐，满目奇胜。衢歙二水，合于城隅，一浊一清，如济如河，百里而东，遂为浙江。渔钓相望，凫鹭交下，有严子陵之钓台，方干之隐茅。又群峰四来，翠盈轩窗。东北曰乌龙，崔嵬如岱；西南曰马目，秀状如嵩。白云徘徊，终日不去。岩泉一支，潺湲斋中。春之昼，秋之夕，既清且幽，大得隐者之乐。

"新定"指的是上游青溪县（今淳安县），因为古代这里设过新定郡，所以这里用"新定"来代指青溪。"衢

范仲淹"相呼采莲去"诗意雕塑

歙二水"指的是在睦州城下汇合的衢江（今名兰江）和新安江，乌龙山和马目山是两座隔江相望的高峰。此篇文字简洁优美，可以与六朝山水小品媲美，读来有吴均《与朱元思书》的感觉。

正当范仲淹安下心来，准备以此为"人生安乐处"的时候，同年六月，朝廷又有命下，调任他为苏州知府，他不得不告别他十分喜爱的潇洒溪山。离任途中，船过七里泷，顺道寻访了严子陵钓台南岸唐代诗人方干的故居，并留下了三首诗，其中《留题方干处士旧居》诗这样写道：

风雅先生旧隐存，子陵台下白云村。
唐朝三百年冠盖，谁聚诗书到远孙。

范仲淹在诗前的小序中说，他到桐庐郡任职后，了解到州城下游七里濑有严子陵钓台，于是要从事章岷前往建造了严先生祠，请会稽画僧悦躬画了严先生的画像，挂在大堂里。现在奉命调往苏州，经过钓台之下，但见江对岸白云缭绕，说是方干先生当年隐居之处，于是前往探访，见方家子孙中有许多读书人，其中一个叫方楷的刚刚考中功名而回，觉得十分欣慰。为此他写了一首七言绝句，又请人在严先生祠的东壁画了方干的肖像，并应方楷的请求将这首七绝抄录在画像的边上。

最后，顺便在这里说一说桐庐郡的问题。

范仲淹睦州诗文中多处提到桐庐郡，后人多望文生义地认为是指今天的桐庐县，且不说许多文化宣传及旅游部门作如此理解，即令大名家如黄裳先生也未能免俗，这是一个很大的误解，实在有澄清的必要。其实，桐庐郡并非正式的行政区域名称，只是睦州的别称而已，州郡另有别称，这种做法是宋代的特例，著名历史地理学家谭其骧先生在《历代行政区划略说》一文中对此有明确的解释。为避掠美，特抄录先生原文如下：

> ……七百年间，绝大多数时间都是以州统县。但也有短时间的例外，那就是有两次改州为郡：一是隋炀帝大业三年（607）改州为郡，到唐高祖武德元年（618）又改为州，只有11年；一是唐玄宗天宝元年（742）改州为郡，到肃宗乾元元年（758）又改郡为州，只有16年，两次合计也只有27年……两宋三百年则始终只有州，从没有叫过郡。可是在《元丰九域志》《宋史·地理志》等书中，每一个州名之下都要挂上一个郡名，那又是怎么回事呢？原来宋朝每一个州有一个郡名，就像旧社会里每个人都既有个名，又有一个字一样。州名是这个州的正名，郡名是这个州的别名，等于是人的字。宋朝的郡名绝大多数都沿袭唐朝的旧名，改用新郡名的很少。

范仲淹后裔所居西坞村

因此,桐庐郡只是睦州的"字","潇洒桐庐郡"也者,即"潇洒睦州城"是也。

"唐宋以来名宦多,杜刘陆范踪相接。"[1]范仲淹任职睦州时间虽短,却给当地官民留下了深刻的记忆,成为一代典型,近千年来,严州人民一直怀念他,建造了思范亭、思范坊、范公祠、潇洒楼、潇洒亭、后乐堂等许多建筑以志纪念,范仲淹先忧后乐的思想一直激励和鼓舞着严州人民奋发向前。

---

[1] 〔清〕计楠:《严州行》。

《剑南诗稿》刻严州：
陆游与严州的文学情缘

陆子虡《剑南诗稿跋》："孝宗念其久外，趣召东下，然心固未尝一日忘蜀也，其形于歌诗，盖可考矣，是以题其平生所为诗卷曰《剑南诗稿》，以见其志焉，盖不独谓蜀道所赋诗也。后守新定，门人请以锓梓，遂行于世。"

1. 严州文化高峰的标志

当代史学大师陈寅恪先生说过，宋代是中国文化的高峰。套用一下大师的话，宋代也是严州文化的高峰。这一高峰的重要标志之一就是大诗人陆游在严州的创作活动及其诗集《剑南诗稿》的编刻发行。

宋孝宗淳熙十三年（1186）七月，在山阴老家闲居了六年的陆游被重新起用，任命为朝请大夫知严州军州事。这一年，老诗人已经62岁了。第二年冬，《剑南诗稿》在严州刻成，共二十卷，由《诗稿》《续稿》和集外诗三部分组成，收诗两千五百余首，协助编辑的是监严州城都税务郑师尹和建德知县苏林。郑师尹还应老诗人之邀为《诗稿》作序。郑师尹和苏林，既是陆游的下属，也是向陆游学诗的学生，他们对编辑工作十分严肃认真，甚至到了虔诚的地步。诗稿的搜集工作由苏林担任，郑师尹则负责编辑。

《剑南诗稿》刻成后，立刻轰动了整个南宋诗坛，引起了巨大的反响，人们给予了极高的评价，朋友们纷纷来信祝贺。老朋友杨万里一口气写了两首诗寄给陆游，

将陆游比喻为当代的屈原和杜甫,将他与西晋名家陆云相提并论,对诗人和诗集都给予了很高的评价,其《跋陆务观剑南诗稿》诗云:

今代诗人后陆云,天将诗本借诗人。
重寻子美行程旧,尽拾灵均怨句新。
鬼啸狨啼巴峡雨,花红玉白剑南春。
锦囊翻罢清风起,吹仄西窗月半轮。

周必大收到《剑南诗稿》后,给陆游去信说:"《剑南诗稿》连日快读,其高处不减曹思王(植)、李太白,其下犹伯仲岑参、刘禹锡,何真积顿悟一至此也。"[1]同样给予了高度的评价。

"亘古男儿一放翁。"[2]陆游是一个伟大的爱国主义诗人,是中国古代传诗最多的诗人,也是最长寿的诗人之一,是"南渡四大家"(又称"南宋四大家""中兴四大家")尤杨范陆(事实上应为陆、杨、范、尤)之一。陆游是四大家之首,其成就远超其他三家(尤袤诗早佚,现仅存清人所辑数首),在当时就有很高的声誉,被誉为"小李白"。孝宗很尊重他,在陆游赴严州任前,特地接见,对他说:"严陵山水胜处,职事之暇,可以赋咏自适。"希望他在山川优美的严州多写些好诗。由于他的名声,向他求诗、学诗的人越来越多,人们都渴望能早日看到他的诗集问世。诗人赵蕃于淳熙十三年至十四年(1186—1187)两次从江西冒雪来访,其《呈陆严州二首》有"去年犯雪到严州,呵笔题诗曳履投"之句。这时,陆游的许多老朋友,如杨万里、范成大等人都已编印出版了诗集,所以朋友们也希望他能早日编印出诗集来。更为重要的是,这时陆游的创作已趋成熟,形成了自己的风格。同时,严州悠久的刻书传统和良好的刻印条件,也是促使他在严州编刻诗集的重要原因之一。

[1] 〔宋〕周必大:《周益国文忠公集》卷二。
[2] 〔清〕梁启超《读陆放翁集》:"诗界千年靡靡风,兵魂销尽国魂空。集中什九从军乐,亘古男儿一放翁。"

编刻诗集是陆游严州仕宦生涯的重要内容，是他一生创作活动中的大事，也是南宋诗坛乃至整个中国诗歌史上的大事，当然更是严州文化史上的一件大事，值得大书一笔。

陆游将诗集命名为《剑南诗稿》是有其深意的。

剑南是唐代四川的一处道名，南宋时属抗金前线，陆游曾经在这一带任职，经历过一段火热的战斗生活，多少实现了他抗战救国、收复中原的愿望。以"剑南"命名诗稿，既体现了他对这段难忘的抗敌生活的怀念，又表明诗人坚持抗战、反对投降的鲜明态度，是一个爱国主义诗人的内心直白。现在，这部严州版的淳熙刻本《剑南诗稿》珍藏于国家图书馆的古籍善本库中，是国家图书馆的镇馆之宝。为了保护和推广这批珍贵的文化遗产，国家推出了"中华古籍善本保护工程"，出巨资原版复制，严州刻本的《剑南诗稿》也名列其中。

南宋严州（今建德梅城）刻书业崛起，爱国诗人陆游对此起了很大作用。他所刊刻的《新刊剑南诗稿》是这一时期有重大影响的出版物。

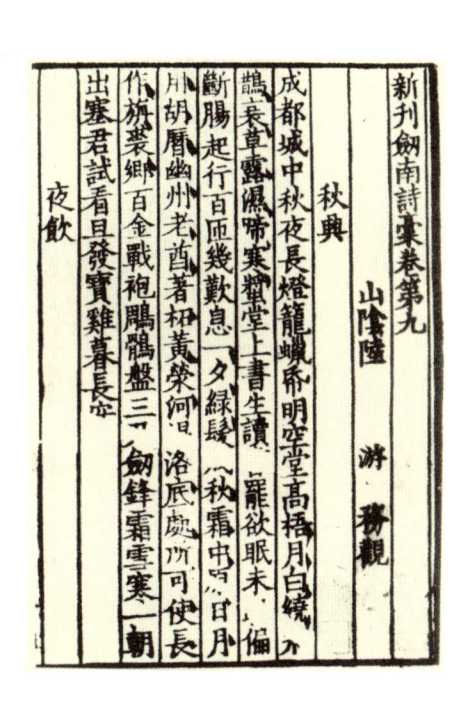

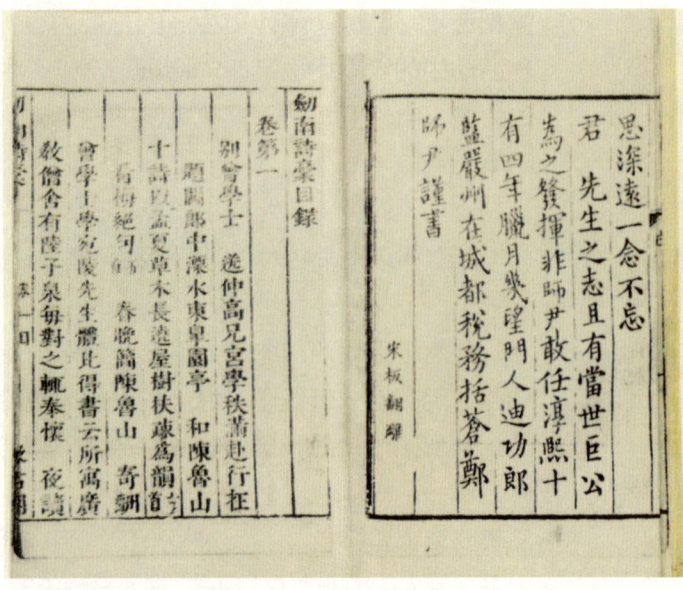

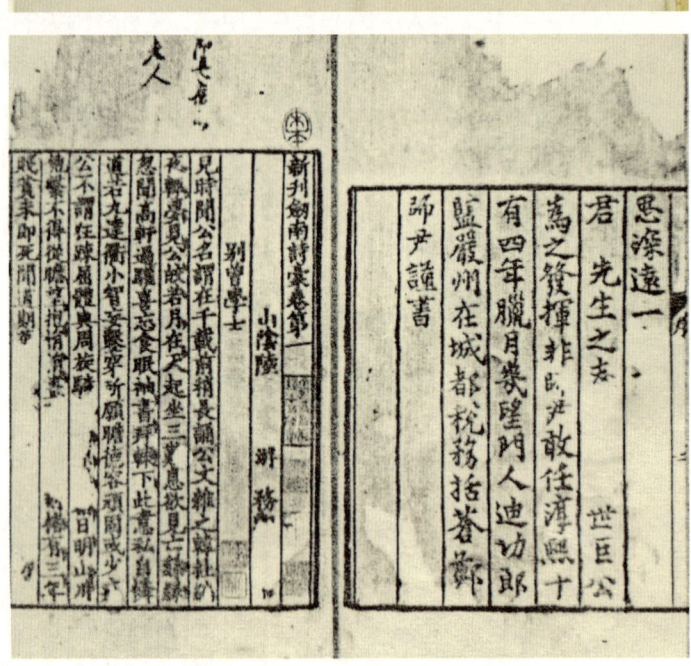

上：宋版翻刻《剑南诗稿》　　下：《剑南诗稿》严州刻本书影

2. 陆游的严州诗文创作

无论在当时还是后世，陆游对严州影响最大的还是他的文学创作，尤其是诗歌创作的活动。

"六十年间万首诗"，陆游一生创作勤奋，是中国古代存诗最多的诗人，存诗近万首，创作生涯长达六十余年，直到临终前还给世人留下了千古绝唱《示儿》，真可谓生命不息，创作不已。据后人的研究，陆游一生的创作经历了三次高潮，严州三年，当属第二次高潮（即蜀中创作活动）结束，向第三次高潮（即晚年闲居山阴二十年）过渡的时期，这时他的风格已经形成，诗学观也已经成熟，所以他才会在严州编刻自己的诗集。一些诗学观的代表作都写于严州，如屡屡为人称道的《即事》《感兴》《夜坐示桑甥十韵》《桐江行》等，均作于严州。

在严州诗作中，杀敌报国、收复失土的诗歌多达五十五首。爱国主义的激情在陆游的胸中激荡了一辈子，至老不仅不衰反而愈甚。"会须沥血书封事，请报天家九世仇"（《纵笔》之三）；"草檄北征今二纪，山城仍是老书生"（《燕堂春夜》）。读着这些火热的诗句，怎么能想到它出自一位衰朽老翁之手！仅从严州诗的一些诗题我们就可以看出诗人御侮抗敌的激情和报国无门的怨愤，如《书愤》《闻鼓角感怀》《严州大阅》《频夜梦至南郑小益间慨然感怀》《雪中忽起从戎之兴戏作》等等。

千峰榭是州衙后院中的一处古建筑，据《光绪严州府志》记载："千峰榭在旧子城上，千峰拱秀，下有松关，北为荷池，东为潺湲阁，西为木兰舟"，是一处有名的古迹，初建于唐代，是任职官员们公余休息赏玩之处。唐代睦州诗人方干《题睦州郡中千峰榭》有"岂知平地似天台，朱户深沈别径开"之句。陆游任严，常来此登临送目，把酒临风，排遣怀抱，有时甚至夜登千峰榭坐以待晓，陆游的严州诗作从千峰榭始，也以千峰榭终。有关千峰榭的诗有十一首。到严州后写的第一首诗是《千峰榭宴坐》，而在写了《休日登千峰榭遇大风雨气象甚伟》之后不久，就离任返京述职了。《夜登千峰榭》堪称严州诗的代表作：

夷甫诸人骨作尘，至今黄屋尚东巡。
度兵大岘非无策，收泣新亭要有人。
薄酿不浇胸垒块，壮图空负胆轮囷。
危楼插斗山衔月，徙倚长歌一怆神。

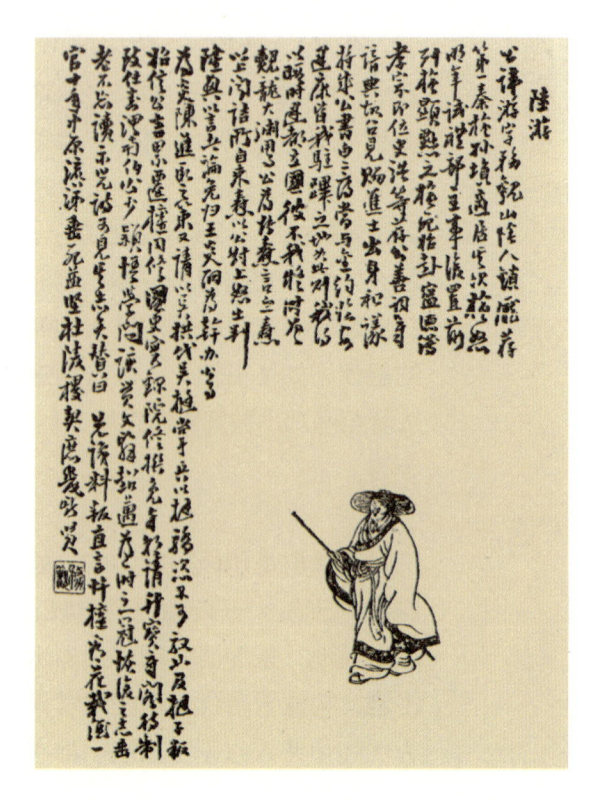

〔清〕任渭长《陆游行吟图》

此诗引用东晋王衍清谈误国、王导誓当克复神州的典故来讽喻现实，抒发空负壮图、伤神长歌的悲愤情怀，堪称《书愤》（"塞上长城空自许，镜中衰鬓已先斑"）诗的姊妹篇，皆为陆游爱国主义的名作。

"莫笑农家腊酒浑，丰年留客足鸡豚"[1]，写农家生活是陆游的强项，他写的严州诗中有许多农家诗篇，都是佳作，如《社日小饮》（之二）：

> 社雨霏霏湿杏花，农家分喜到州家。
> 苍鹅戏处塘初满，黄犊归时日欲斜。

此诗极有唐人王驾《社日》之味。

陆游是一个现实主义诗人，严州诗中写到的地名、古迹，许多至今犹存，如七里滩、乌龙庙、东岳庙、南山、乌龙山、马目山、桐溪、大浪、桐江、富春江、钓台、东馆（关）、东津、紫翠楼等，这些诗句读来尤感亲切，如：《秋兴》"东馆烟波秋渐瘦，北山雾雨昼多昏"，《自东津泛舟至桐溪》"潮生东西津，雨暗上下塔，萧萧乱菰蒲，拍拍起凫鸭"，《雨中独坐》"马目山头雨脚昏，龙津桥下浪花翻"，等等。最为脍炙人口的要数《听事望马目山》一诗了：

> 官身早暮不容闲，尘土堆胸愧满颜。
> 也有向人夸说处，坐衙常对水南山。

由于首都临安的影响，南宋时的严州，商贸经济十分活跃，商船上下，市井繁华，文化生活十分丰富，这在陆游的诗里有充分的反映，如：《梅雨初晴迓客东郊》"层峦正对孤城落，健席遥看大艑来。幼妇髻鬟簪早稻，近村坊店卖新醅"，《迓使客出郊夜归过市楼》"却羡喧

---

[1] 〔宋〕陆游：《游山西村》。

呼楼上客，隔帘红烛醉更深"。甚至写到骑射击鞠，如《休日留园中至暮乃归》"闲试名弓来射圃，醉盘骄马出毬场"。《估客乐》一首可能是宋诗中少见的肯定商贾地位的正面之作：

> 长江浩浩蛟龙渊，浪花正白蹴半天。
> 轲峨大舳望如豆，骇视未定已至前。
> 帆席云垂大堤外，缆索雷响高城边。
> 牛车辚辚载宝货，磊落照市人争传。
> 倡楼呼卢扔百万，旗亭买酒价十千。
> 公卿姓氏不曾问，安知孰秉中书权。
> 儒生辛苦望一饱，赵趄光范祈哀怜。
> 齿摇发脱竟莫顾，诗书满腹身萧然。
> 自看赋命如纸薄，始知估客人间乐。

严州为钱塘江中游的水运枢纽，这里的百姓很早就有经商的头脑，《淳熙严州图经》就说严州人"惟蚕桑是务，更烝茶割漆，以要（邀）商贾懋（贸）迁之利"。南宋《景定严州续志》还有关于招商神祠的记载："招商神祠在辑睦坊北。祠废已久，地为民居……然旧以'招商'为名，岂非土俭俗贫，假懋（贸）迁之利以粒斯民，故汲汲然耶？"招商神祠不知建于何时，极有可能北宋时即已建立了。"帆席云垂大堤外，缆索雷响高城边"，凡到过城外商埠的人都会有相同的感受。"牛车"四句直写富商拥奇货、贸厚利、一掷千金的狂豪神态，反衬出穷酸儒生纵然满腹诗书仍难求一饱的哀怜之状。全诗从远处的商船写起，到"骇视未定已至前"，停舟泊岸、落帆吊索，起货上街，"磊落照市"，一片光鲜照人之气象，尤其是"倡楼"四句写出富商不问公卿、睥睨一世的豪雄气概。最后以穷儒作比，揭示出"估客乐"的主题。这是一首完全写实的诗，可以作为南宋严州水运史、商贸史的史料来读，有很高的史料价值。

"桐庐朝暮苦匆匆，潇洒宁能与昔同。堆案文书生眼黑，入京车马涨尘红"[1]，作为南宋畿辅之地的严州，已远非北宋时的偏远州军可比，过往的官船、商船带来的人流和物流，大大地刺激、推动了严州经济和文化的发展，繁剧的政务迫使严州太守发出了深深的感叹，这份感叹中有想做潇洒诗人而不得的无奈，也有车马繁华的喜悦，是对严州面貌变化的生动概括。

陆游在严州创作的四首菊花诗，也十分值得注意。诗题为《余年二十时尝作菊枕诗颇传于人今秋偶采菊缝枕囊凄然有感》，其中两首明眼人一看便知是怀念前妻唐琬之作：

（一）
采得黄花作枕囊，曲屏深幌閟幽香。
唤回四十三年梦，灯暗无人说断肠。

（二）
少日曾题菊枕诗，蠹编残稿锁蛛丝。
人间万事消磨尽，只有清香似旧时。

陆游19岁时与表妹唐琬结婚，婚后生活美满，但三年后却不得不在父母的压力下离婚。这件事给陆游留下了终生难忘的创伤，直到75岁的高龄还写出了"梦断香消四十年，沈园柳老不吹绵。此身行作稽山土，犹吊遗踪一泫然"[2]这样充满深情的诗句。诗人对唐琬的思念终生不渝，千载之下犹令人凄然泪下。此诗中的"四十年"当指唐琬去世的时间，无独有偶，这二首菊花诗中也提到了"四十"这个词，提到了梦。陆游作菊花诗时才20岁，正是与唐琬婚后不久，新婚燕尔，十分幸福，谁知小两口的恩爱竟招致了公婆（尤其是婆婆，也就是唐琬的姑母）的不满。菊花诗是爱情的见证，陆游想起菊花

[1] 〔宋〕陆游：《读范文正潇洒桐庐郡诗戏书》。
[2] 〔宋〕陆游：《沈园二绝》。

陆游《严州劝农文》

诗必然会想起作诗时的场景和意境，想起和唐琬一起切磋诗艺、推敲诗句的甜蜜回忆。唐氏乃书香门第，唐琬也是一名才女，所作《钗头凤》即可为证，正是她的才华，她与陆游的共同爱好，引起了公婆的猜测和怀疑，担心会影响儿子的前程，生生地拆散了这一对恩爱夫妻，造成了一场千古悲剧。"灯暗无人说断肠"，陆游只能把痛苦埋在心底，他不能说，他无法说，他也无人可以倾诉，只能在梦中向爱人一诉衷肠，尽管尘封的岁月在早年的诗稿上布满蛛丝，但是两心相印的爱情仍然清香如故。较之《沈园二绝》，这两首菊花诗更为含蓄、婉转，也更令人哀痛。

另外两首严州菊花诗可以与这两首对照起来读，"无人唤醒赋归翁，满把清香谁与同？"[①]菊花是陆游，也是唐琬，是他俩高情幽贞的象征和见证。严州菊花诗是陆游留在严州的爱情绝唱，值得后人深长咏味。

① 〔宋〕陆游：《严州多菊然率过重阳方开或举东坡先生菊花开》。

陆游是个文史通才，不仅善诗，而且善文，又擅长书法，并且有史才。他不仅是一个伟大的诗人，也是一个杰出的文学家、书法家和史学家。他的文章各体皆工，完全可以列入唐宋一流的大家之列，前人早就对陆游未能列入"唐宋八大家"表示过不满。陆游的幼子陆子遹在《渭南文集序》里曾梳理过他散文创作的渊源：

> 先太史之文，于古则《诗》《书》《左氏》《庄》《骚》《史》《汉》，于唐则韩昌黎，于本朝则曾南丰，是所取法。然禀赋宏大，造诣深远，故落笔成文，则卓然自为一家，人莫测其涯涘。

当代陆游研究专家朱东润先生为陆游未入"唐宋八大家"而深表遗憾，认为明人茅坤编集《唐宋八大家文钞》漏了陆游，是"因为认识不足"。朱先生指出：

> 其实陆游的同时人，是把他作为重要的文人看待的。主要的证明在于他多次参与国史、实录和圣政的撰述。古代于文人的衡量，常常根据他是否具有史才作为评判的标准。司马迁、班固、范晔、沈约、魏收、李百药、欧阳修乃至司马光的成就，都是具体的证明。[①]

朱先生的话是很有说服力的。其实陆游不仅当过史官，还曾经为二府（枢密院和中书门下）起草过国书，并且独立编撰出了《南唐书》，流传至今，乃私家史书中之名作。

《渭南文集》为陆游手编，分 28 种体裁，90 篇严州文中有各类体裁 16 种，可谓丰富多彩。其中写得最多的是书启，有 25 通；其次是各类谒神祈天的青词、祝疏，24 通；报呈皇帝的表、札，10 篇。值得注意的是劝农文

---

① 朱东润：《陆游选集序》。

和赋这两种体裁。《文集》共收劝农文三篇,严州有其二;收赋七篇,严州占其三。

和诗歌一样,陆游严州文赋中有许多精彩之作,展现了精湛娴熟的艺术技巧:写景生动,人物传神,赋骈精美,语言精练,读之回味无穷。如《跋王君仪待制易说》:

建炎间,胡骑在钱塘,明、越俱陷。王公端居于严,曰:"虏决不至此,且狼狈而归,自此穷天地不复渡江矣。"

王君仪名升,严州人,博学多才,尤精于《易》,著有《易说》等书,受知于陆游祖父陆佃,荐其任湖州州学教授。这篇跋文说了作者王升的一件往事,精炼简洁,短短40个字就将时代背景以及王升对形势的准确判断、超人的沉着稳定交代得清清楚楚,尤其是"端居于严"四字,直把这位藐视虏骑的爱国士人写活了。

乌龙山是严州的镇山,乌龙庙是乌龙山的主庙,庙中供奉的乌龙神是乌龙山的山神,是严州府的主神。关于乌龙神,严州民间流传着许多神奇的传说,后来甚至被写进了《水浒传》中。在《严州广济庙碑》中。陆游给我们讲了一个乌龙大帝的另类故事:

绍兴辛巳,东海之师,群胡见巨人皆长丈余,弋戟麾旌,出没烟云间,则相告曰:"乌龙神兵至矣!"或降或遁去,无敢枝梧者。

乌龙大帝的神通居然超越了严州地界,广及东海了。这个故事成为后来严州民间故事"乌龙三太子打台湾"的滥觞,是民间文化研究的宝贵史料。

陆游父子与严州刻书

陆游在严州做过的另一件大事是刻印书籍，除了《剑南诗稿》以外，他还刻印了《江谏议奏议》《大字刘宾客集》《南史》《世说新语》等书籍。

江谏议即严州人江公望，徽宗朝曾任过左司谏，当面批评徽宗奢侈，后来遭到蔡京的迫害，深受时人的敬仰。陆游到严州首先刻他的书，也是为了表示"尊仰之意"。刘宾客即唐代诗人刘禹锡，这是一部他的诗文集。《南史》是唐人李延寿编著的一部史书，包括南朝宋齐梁陈四朝历史。《世说新语》是南朝刘义庆编写的一部笔记小说，是中国文学史上的一部名著。

陆游的幼子陆子遹于宋理宗宝庆二年（1226）出任严州知州，他在严州刻印了10多种书籍，有曾祖陆佃的《尔雅新义》《陶山集》，祖父陆宰的《春秋后传补遗》，父亲陆游的《高宗圣政草》《老学庵笔记》《剑南续稿》，以及唐人令狐楚的《唐御览诗》、皇甫湜的《皇甫持正集》，五代王仁裕的《开元天宝遗事》，宋人杨亿的《西昆酬唱集》、石介的《徂徕集》、魏野的《巨鹿东观集》、杨朴的《东里杨聘君集》、潘阆的《潘逍遥集》，共计18种。

严州是南宋时期重要的书籍刻印地之一，所刻之书质量上乘，深得时人和后人的称赞。据《景定严州续志》的记载，宋版严州刻本达80多种，经史子集皆备。经部

陆游像　　　　　陆游手迹

书籍有 10 种，史部书籍有 5 种，子部书籍有 8 种，集部书籍有 16 种，类书有 3 种，地方志有 9 种，医书有 6 种，其中有多种是初刻本或者是现存的最早刻本，并且不乏名著，如陆游的《剑南诗稿》、袁枢的《通鉴纪事本末》等。由于严州版图书刻印质量上乘，"字大如钱，墨黑如漆"，深受读者的欢迎。

刻书业是一项文化创意产业，可以形成一条庞大的产业链，从繁荣的刻书业可以想见当时文人云集、学者翕从、书铺林立、书版山积、书籍外运的种种盛况。南宋严州刻书给严州带来了文化上的辉煌，是严州历史上值得骄傲的一页。

明清以降，虽然南宋时期刻书业的盛况不再，但是严州刻书业仍然不绝如缕，散见于各种文集和地方志中的记载不下数百种，主要是私家文集和地方文献。清乾隆三十一年（1766），更因为青本《聊斋》的问世而再一次惊艳世界。

《聊斋志异》是一部世界文学名著，被誉为"中国文言短篇小说之王"，作者蒲松龄是个穷秀才，一生靠

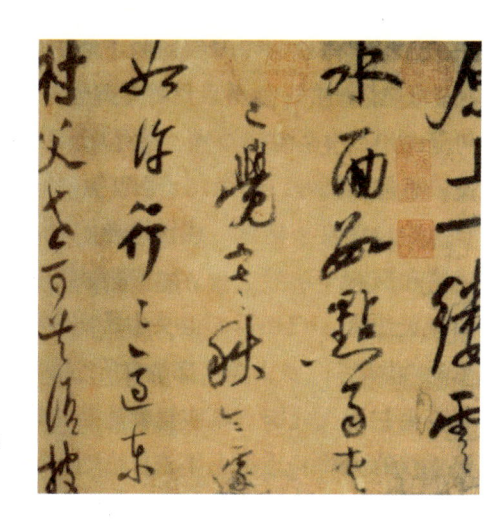

陆游自书诗贴

教书糊口，无力刻印自己的著作，直到他去世半个世纪以后，才由他的山东老乡赵起杲在严州刻成，世称青柯亭本《聊斋志异》。为了搜集编刻这部名著，赵起杲费尽了一生的心血，花光了家中的资财，书未刻完就病逝于严州知府任上，可以说，没有赵起杲就不会有后来的《聊斋志异》。

清道光十四年（1834），建德人章燮的《唐诗三百首注疏》一书问世，因为通俗易懂，流传极广，全国各地都有翻印，是一本长销不衰的畅销书。

晚清时，严州还出现了一个有名的刻书家袁昶。袁昶是严州桐庐人，官至太常寺卿，为官留意国计民生，后因反对攻打外国使馆而被杀，是有名的"庚子殉难五大臣"之一。其一生刻书甚多，主要有《渐西村人初集》《安般簃诗钞》《于湖小集》等十多种。另外，建德人胡念修也编刻过《刻鹄斋丛书》《壶庵类稿》等书籍。

宋严州刻本《通鉴纪事本末》

陆游《严州劝农文》

参考文献

1. 〔战国〕庄周:《南华经》,安徽人民出版社,1994年。
2. 〔战国〕孟轲:《孟子》,岳麓书社,2019年。
3. 〔宋〕朱熹:《四书章句集注》,中华书局,1983年。
4. 〔晋〕陈寿:《三国志》,中华书局,1959年。
5. 〔宋〕陈公亮:《淳熙严州图经》,商务印书馆,1936年。
6. 〔宋〕赞宁:《宋高僧传》,中华书局,1987年。
7. 〔宋〕严羽:《沧浪诗话》,中华书局,2014年。
8. 〔明〕杨守仁:《万历严州府志》,书目文献出版社,1990年。
9. 〔明〕罗贯中:《三国演义》,上海古籍出版社,1989年。
10. 〔明〕施耐庵:《水浒传》,上海古籍出版社,1984年。
11. 〔清〕谷应泰:《明史纪事本末》,中华书局,1997年。
12. 〔清〕戴槃:《裁严郡九姓渔课录》,清同治年间严州刻本。
13. 〔清〕李宝嘉:《官场现形记》,贵州人民出版社,1994年。
14. 傅璇琮主编:《唐才子传校笺》,中华书局,1987年。
15. 钱仲联:《剑南诗稿笺注》,上海古籍出版社,1985年。
16. 中国佛教协会编:《中国佛教》,东方出版中心,1980年。

后　记

近年来，关于严州的书和文作了不少，但以讲故事的形式来写作还是第一次。因为生性愚钝，不会编故事，虽然在编辑部同志的鼓励下，硬着头皮接受了任务，但是真正动起手来还是离不开多年来形成的老套路，诚如编委们担心的那样，一不小心，写成了一部30万字的小志书，自觉离题万里，不得不推倒重来。

编故事先要有脚本，这个"脚本"就是基础史料，只有尽量多地掌握史料，才能有从容选择的余地。史料必须"竭泽而渔"，从这些"鱼"中挑选出你需要的那几条，才能进入厨房烹调成美味佳肴。从捕"鱼"到选"鱼"再到烧"鱼"，是一个搜集、阅读、筛选、酝酿、创作的过程。不熟悉史料便谈不上比较和选择，确定故事主题则是对作者史学修养的严重考验，写好故事则要求作者必须有良好的写作能力，各个环节环环相扣，缺一不可。要求个个都是太史公，人人都是司马迁，具备历史学家的学识和作家的创作才能，这实在是太难为作者了，这样的要求我就是跳上几步也是够不上的。

面对如此困难，不由得心虚不已，要想打退堂鼓已经来不及，何况好不容易能够有这么一个宣传家乡的机会，岂能轻易放过，只能硬着头皮上了。虽然几易其稿，再三打磨，但还是十分粗糙，因为交稿时间逼近，只能交给读者诸君去评判了。

2020 年 7 月